LES DERNIÈRES ANNÉES

DE MOLIÈRE.

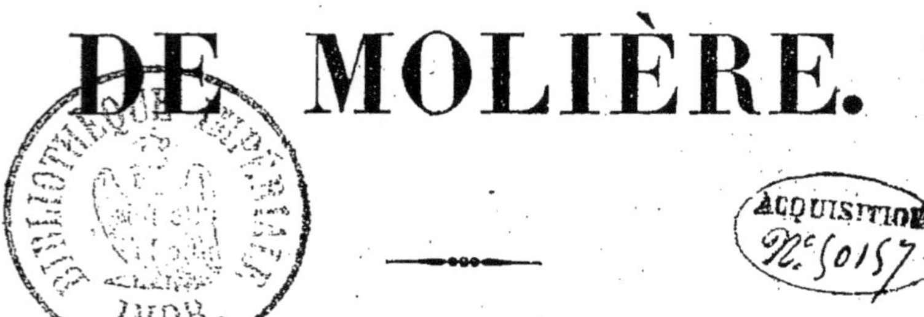

Entre la première et la seconde partie de la vie de Molière, tout juste au point où nous nous sommes arrêté (1), immédiatement après la chute trop méritée de *Don Garcie de Navarre*, se place un événement qui fut, nous le croyons, d'une énorme importance pour l'auteur comédien, pour le développement de son génie, partant pour le progrès du théâtre en France et pour la gloire de notre littérature. Nous voulons parler de la mort du cardinal Mazarin, arrivée le 9 mars 1661, qui remit aux mains du roi Louis XIV, âgé de vingt-trois ans, depuis neuf mois marié, l'administration de son royaume pacifié et le libre usage de la royauté absolue. On sait avec quel éclat le jeune roi déclara se charger de tout le fardeau. Dans le fait, il n'avait guère alors à en voir que les douceurs, et sa souveraineté devait s'exercer d'abord sur les plaisirs, qu'il était porté de nature à aimer nobles et grands. Ce fut dans les premiers temps qui suivirent cette prise de possession que se manifesta, de la part du prince pour le poète, quelque chose de plus qu'une protection dédaigneuse et frivole, un certain mouvement d'affection intelligente, prompt comme la sympathie et durable autant que l'égoïsme. Du moment où ces deux hommes, placés à de telles distances dans l'ordre social, l'un roi hors de tutelle, l'autre bouffon émérite et moraliste encore bien timide, se furent regardés et compris, il s'établit entre eux une sorte d'association tacite, qui permettait à celui-ci de tout oser, qui lui promettait assurance et garantie, sous la seule condition de respecter et d'amuser

____

(1) Voyez la livraison du 15 juillet 1847.

.toujours celui-là. Nous devons ajouter que jamais traité public, où la foi du monarque aurait été solennellement engagée, ne fut exécuté plus sincèrement; qu'en aucun temps, dans aucune circonstance, la sauve-garde donnée à l'écrivain contre tous les ressentimens qu'il pourrait provoquer ne parut se retirer de lui. C'est se moquer de nous, comme les historiens font trop souvent, que de mettre Molière au nombre des penseurs qui souffrirent en leur temps la persécution. Jamais homme, au contraire, et ceci est à sa louange, n'alla plus droit son chemin, et ne se sentit, dans toute sa course, moins ébranlé. Il eut, en effet, les ennemis qu'il chercha : des rivaux, des particuliers, des classes d'hommes, des professions, des cabales, voire des croyances; mais ni individus, ni corps, ne purent lui faire aucun dommage, ne se hasardèrent seulement à tenter contre lui rien de ce qui se traduit par la violence. La guerre incessante qu'il soutint contre les travers et les ridicules de son siècle lui rapporta de nombreux triomphes et ne lui coûta pas une blessure. Partout et toujours on le voit encouragé, récompensé, indemnisé. Quand on voulut l'attaquer par les voies qui agissent sur l'opinion, il eut toute liberté pour la riposte; il s'en servit, on pourrait dire qu'il en abusa, et la cruauté même à laquelle il se laissa parfois entraîner fut prise chez lui pour une revanche légitime. Celui à qui ces choses sont arrivées ne fut certainement pas un pauvre hère, faisant son métier de moqueur à ses périls et risques, exposé à la vengeance et craignant le désaveu. Un caprice, cette fois éclairé, de la puissance souveraine lui en avait communiqué ce qui donne la confiance et la force; son talent lui fournissait le reste. A vrai dire, il y a de Louis XIV deux créations du même temps et du même genre, Colbert et Molière.

Il est facile de trouver dans les œuvres de celui-ci la trace de cette impulsion donnée à son génie par un pouvoir qui l'excite, l'élève et l'autorise. Jusqu'au jour où Molière trouva un protecteur dans Louis XIV, nous pouvions presque nous impatienter de voir ce qu'il fallait de temps, d'hésitations, pour mettre en train ce philosophe, ce railleur, que nous savions être allé si hardiment et si loin. *L'Étourdi*, en 1653, *le Dépit amoureux*, en 1656, deux pièces pour la province; à Paris, *les Précieuses ridicules*, en 1659, *Sganarelle*, en 1660, *Don Garcie de Navarre*, en 1661 : que de chemin perdu! combien de détours pour arriver, après quelques éclairs de verve comique, à choir honteusement dans une œuvre héroïque et galante! Laissez-le faire pourtant. Qu'il se trouve un beau jour face à face avec cette royauté qui seule pouvait lui donner l'essor, qu'il se sente échauffé par les rayons de ce soleil, que le sourire du roi lui promette appui, et, avant trois ans, vous l'aurez vu atteindre le dernier degré d'audace que l'imagination puisse concevoir en un temps comme le sien : il aura fait le *Tartufe*.

Nous n'en sommes pas encore là, et Molière n'a qu'à se relever d'un mauvais pas, pour tout autre peut-être désespéré. Il reprend, à cet effet, le personnage de Sganarelle qui lui a réussi une fois; il le place, avec son humeur narquoise et brutale, dans une intrigue vulgaire, qu'il anime de sa plus vive gaieté, de son naturel le plus vigoureux, de son style le plus mordant, et il donne au public *l'École des Maris;* au public d'abord, cela est hors de doute. La pièce fut représentée pour la première fois sur le théâtre du Palais-Royal, le 24 juin 1661. Les frères Parfaict, qui se trompent rarement, ont cru trouver ce fait démenti par un passage de Loret, et le malheur a voulu qu'une faute d'impression les ait ici induits en erreur, quand ils croyaient relever l'erreur d'autrui. La lettre où Loret rend compte de la représentation qui en fut donnée chez le surintendant Fouquet porte bien, dans le recueil de *la Muse historique*, la date du 17 juin; mais c'est le 16 juillet qu'il faut lire, et la signature ordinaire le dit fort nettement :

> Écrit le seize de juillet
> Sur un fauteuil assez mollet.

En effet, le lundi précédent, 11 juillet, le surintendant Fouquet avait reçu, dans sa maison de Vaux, la reine d'Angleterre, le frère du roi de France et sa jeune femme Henriette. Là, « sieur Molier » avait joué, devant la compagnie, *l'École des Maris*, « qui charmait Paris depuis le 24 juin, et ce sujet avait paru si riant et si beau, » qu'il fallut l'aller représenter à Fontainebleau devant les reines et le roi. *L'École des Maris* fut d'ailleurs le premier ouvrage que Molière, comme il le dit dans son épître au duc d'Orléans, « eût mis de lui-même au jour. » On a vu que *les Précieuses ridicules* avaient été imprimées malgré lui, *Sganarelle* sans lui; cette fois il obtint un privilége daté de Fontainebleau, le 9 juillet 1661, et *l'École des Maris* parut imprimée le 20 août avec le nom de l'auteur, que Loret ne savait pas encore exactement la veille. Il était inscrit au frontispice J.-B. P. Molière, et dans le privilége Jean-Baptiste Pocquelin de Molière.

S'il nous était enjoint de désigner précisément le jour, le lieu et l'heure où Molière se révéla en quelque sorte à Louis XIV et reçut de lui sa mission, nous croirions ne pas nous tromper en disant que cela se fit à Vaux, le mercredi 17 août 1661, dans l'après-midi, lorsque l'imprudent Fouquet, qui venait de se désarmer tout-à-fait en cédant sa place de procureur-général, voulut étaler devant le roi les splendeurs accusatrices de sa magnifique demeure. Tous les divertissemens y étaient réunis, et celui de la comédie avait été confié à Molière. Fouquet avait commandé en surintendant, et quinze jours avaient suffi pour qu'une pièce en trois actes fût « conçue, faite, apprise et représentée. » L'auteur, d'ailleurs, savait bien pour qui on lui ordonnait de travailler. Le roi, son frère, la reine-mère, la princesse anglaise, femme du duc d'Orléans, ce qu'il y avait de plus illustre, de plus élégant, de plus choisi dans l'élite de la cour, « bref, comme dit Loret, qu'on y avait introduit, la fleur de toute la France, » c'étaient là les spectateurs, les juges qu'il allait avoir, et, chose singulière, avec ceux-là il se trouva tout aussitôt à l'aise. Quand, après le repas, les conviés se sont rendus sous une feuillée où l'on avait construit un superbe théâtre, la toile s'étant levée, Molière paraît sur la scène, devant l'auguste assemblée, « en habit de ville, et, s'adressant au roi avec le visage d'un homme surpris, fait des excuses en désordre sur ce qu'il se trouvait là seul, et manquait de temps et d'acteurs pour donner à sa majesté le divertissement qu'elle semblait attendre. » Cela ne vous semble-t-il pas déjà fort singulier que ce comédien s'avise de se montrer en sa personne avant son rôle, de parler pour son compte là où il n'est pas même chez lui, et de faire au roi les honneurs du théâtre de monseigneur Fouquet, quand il y a un prologue tout rimé de la façon de M. Pélisson, le poète de la maison, quand une belle naïade va sortir d'une coquille pour le débiter, quand des arbres et des termes vont s'animer pour fournir des acteurs à la pièce et au ballet? Au milieu de toute cette mythologie gracieuse, ne trouvez-vous pas que le chef de la troupe, dans son habillement de tous les jours, se produit avec une familiarité qui vous surprend sans vous inquiéter? Après un pas de ballet, la comédie commence, et c'est ce même acteur, maintenant en costume de théâtre, qui ouvre la scène; mais, dès les premiers mots, vous apprenez que l'auteur comédien ne s'est pas placé dans un monde imaginaire, éloigné, héroïque ou trivial; il est en effet un personnage de même pays, de même condition que ceux qui le regardent, marquis vraiment comme le mieux empanaché qu'il y ait là devant lui :

> « Ah! marquis, m'a-t-il dit, prenant près de moi place,
> « Comment te portes-tu? souffre que je t'embrasse. »

Et les « fâcheux, » qu'il va passer en revue, sont tous ou de cette qualité ou ayant affaire à de telles gens. Ainsi voilà déjà et tout d'abord la scène de niveau avec l'amphithéâtre; ici et là les mêmes hommes, les mêmes canons, les mêmes plumes, les mêmes postures, excepté que, du côté où le ridicule a été copié, on se tait, on écoute, et que, là où il figure imité, on parle, on agit, on fait rire. La comédie se soutient ainsi pendant trois actes attachée à une intrigue fort légère, mais toujours sans déroger et dans la sphère la plus haute des travers de bonne compagnie: marquis éventé, marquis compositeur, vicomte bretteur, courtisan joueur, belles dames précieuses, solliciteurs à la suite des grands, colporteurs de projets, amis importuns; et, parmi tout cela, toujours le nom du roi ramené avec art, d'une manière respectueuse et sans bassesse. Voilà ce qu'il est impossible de ne pas voir aujourd'hui encore, si loin que nous soyons des choses et des mœurs, dans la comédie des *Fâcheux*. La Fontaine, qui assistait à cette fête, écrivait peu de jours après à son ami Maucroix, en lui parlant de Molière : « C'est mon homme, » et nous sommes sûr, sans l'avoir entendu, que Louis XIV en dit autant.

Tout le monde sait qu'après la représentation de la comédie le roi, en félicitant l'auteur, lui indiqua un personnage de fâcheux qu'il avait oublié, celui du courtisan chasseur, et il paraît assez certain que l'original de ce caractère était le marquis de Soyecourt; mais, pour l'exactitude complète, il ne faut pas lui donner ici le titre de grand-veneur. Il obtint, en 1669, cette charge, pour laquelle il pouvait dès long-temps avoir de la vocation; en 1661, il était depuis huit ans, et resta huit ans encore, maître de la garde-robe. Quoique le ridicule qui lui est attribué par cette anecdote fît assurément la moindre partie de sa réputation, on en trouve pourtant l'indice dans une lettre du duc de Saint-Aignan au comte de Bussy-Rabutin (18 janvier 1671), où il lui offre ses services : « Découplez-moi, lui dit-il, lorsque vous jugerez que je doive courir. Pardon de la comparaison; mais, pour mes péchés, j'ai passé une partie de la journée avec le grand-veneur. » Ce qui est moins vrai, c'est que le rôle de la naïade qui récitait le prologue ait été confié à la jeune Armande Béjart. « La Béjart, » dont tous les témoins parlent comme d'une actrice parfaitement connue, était une nymphe de quarante-trois ans, comme il s'en conserve toujours trop sur les théâtres. C'était cette même Madeleine à laquelle Molière s'était attaché en 1645, et qui était revenue avec lui de la province.

Peu de jours après, *les Fâcheux* furent joués une seconde fois à Fontainebleau, sans doute avec la nouvelle scène dont « le roi lui-même, dit Molière, lui avait ouvert les idées, et qui fut trouvée partout le plus beau morceau de l'ouvrage; » mais il s'écoula près de trois mois avant que l'auteur pût montrer sa pièce au public de Paris. C'est qu'il s'était passé de singulières aventures à la suite de cette fête où elle avait paru. La fête de Vaux était du 17 août; la représentation de Fontainebleau avait eu lieu avant le 27, car Loret en parle dans sa lettre de ce jour; le 29, le roi partait pour la Bretagne; le 5 septembre, à Nantes, il faisait arrêter le maître du logis où il avait été si magnifiquement régalé et l'auteur du prologue qui avait ouvert le divertissement. Il est probable que la comédie des *Fâcheux* fut pendant quelque temps enveloppée dans ces souvenirs odieux qu'il ne fallait pas réveiller, qu'elle dut d'ailleurs subir quelques changemens, afin qu'il n'y demeurât aucun vestige du malheureux patron qui en avait fait les frais. Un dauphin venait de naître à Fontainebleau le 1ᵉʳ novembre; le 4 novembre, *les Fâcheux* parurent sur le théâtre du Palais-Royal. La pièce fut achevée d'imprimer le 18 février 1662.

Deux jours après celui qui sert de date à l'impression des *Fâcheux*, le 20 février, l'auteur de *Sganarelle* et de *l'École des Maris* contractait mariage, devant l'autel, avec une jeune fille. La femme qu'il prenait, suivant tous les témoignages, avait à peine dix-huit ans. Le seul acte où il soit parlé de son âge lui donne cinquante-cinq ans à sa mort, arrivée en 1700, ce qui la ferait née en 1645, partant ayant accompli tout au plus sa dix-septième année lorsque Molière l'épousa. Qu'était-elle et d'où venait-elle? Ici se place le doute le plus étrange qui peut-être ait jamais pesé sur l'état civil de la personne la plus obscurément placée dans le monde. Il ne paraît pas contestable qu'elle eût été élevée, surtout depuis quelques années, dans le ménage presque commun où vivaient Molière, Madeleine Béjart, d'autres encore de la même troupe. Une tradition non interrompue durant près de deux siècles, et qui eut même, du vivant de Molière, des résultats publics et cruels, avait reconnu cet enfant pour la fille ou pour une fille de Madeleine Béjart. Nul n'avait jamais dit, écrit, insinué le contraire, encore bien qu'un seul démenti à cet égard eût pu anéantir les accusations les plus graves contre l'honneur de celui qui devint son mari. La famille théâtrale qui l'avait vue, sinon naître, au moins grandir et prendre place dans ses rangs, savait parfaitement à quoi s'en tenir sur son origine et sur la femme qu'elle pouvait nommer sa mère. Cependant amis, ennemis, parlant du fait, les uns avec indifférence, les autres dans un but de diffamation, n'avaient jamais été contredits ni par les parties intéressées, ni par les critiques officieux; mais voilà que, tout à coup, après cent quatre-vingts ans, en 1821, un acte est produit, suivi, en effet, mais non précédé, d'autres actes tout-à-fait concordans, qui établit authentiquement que celle qui fut toujours estimée la fille de Madeleine Béjart était réellement sa sœur, sa sœur très-cadette de vingt-sept ans environ, fille des mêmes père et mère, sœur des mêmes frères et sœurs. Cet acte est justement celui du mariage qui nous occupe. La veuve de Joseph Béjart, la mère de Madeleine, Marie Hervé, y figure, et présente la mariée comme sa fille, née d'elle et de défunt son mari. Louis Béjart, le seul des frères survivans, y est présent avec sa sœur Madeleine, et tous deux s'y disent frère et sœur de la mariée, laquelle a nom Armande Gresinde Béjart. Il est vrai que l'acte de baptême de celle-ci n'est pas rapporté, que toutes les recherches n'ont pu le faire décou-

vrir; mais la mère, le frère, la sœur, parlent dans un acte public, et, contre leur
affirmation, il n'y a de possible que l'action criminelle. Si donc il s'agissait de
procès, l'acte retrouvé emporterait le jugement en faveur de la filiation nouvelle.
Pourtant, comme il s'agit ici de dire vrai et non de faire droit, comme, en matière de naissances surtout, il y a des milliers de vérités repoussées par la justice
et autant de fictions judiciaires reniées par le bon sens, nous pouvons, dans cet
embarras, nous faire une opinion de ce qui est le plus naturel, le plus simple,
le plus vraisemblable.

Madeleine Béjart avait eu déjà une fille, née le 3 juillet 1638, d'elle et de mes-
sire Esprit de Raymond, seigneur de Modène, celui qui accompagna le duc de
Guise à Naples et qui nous a laissé des mémoires de cette expédition. Ce que devint cette fille, on l'ignore; mais il est parfaitement prouvé que ce ne pouvait être
celle au mariage de laquelle nous assistons. Elle aurait eu vingt-quatre ans, et
l'extrême jeunesse de la femme de Molière est un fait notoire. Elle avait en outre
un état civil, ce qui est plus difficile et plus dangereux à ôter qu'il ne l'est d'en
donner un à qui n'en a pas. Or, nous croyons que telle était la condition d'Armande Gresinde; elle était, selon nous, et comme on l'a cru toujours, fille de
Madeleine, née vers 1645, peut-être du même père que Françoise, mais sans que
celui-ci, homme marié, eût eu pour la seconde fois l'audace de s'attribuer dans
un acte public une paternité adultérine. L'enfant, à sa naissance, n'aurait
pas été baptisée, ou l'aurait été sous de faux noms, ce qui expliquerait comment
M. Beffara lui-même n'a jamais pu retrouver l'acte de ce baptême, quoiqu'il en
crût pieusement l'existence. Madeleine l'aurait laissée sans doute à Paris lorsqu'elle alla en 1646, avec Molière, courir les provinces. Plus tard, elle l'aurait
reprise avec elle, ainsi que sa mère, devenue veuve, qui ne comptait pas dans
la troupe moins de quatre fils et filles. Lorsque Molière s'avisa de vouloir en faire
sa femme, il fallut qu'elle apportât ce dont elle s'était fort bien passée jusque-
là, un nom et des parens authentiques. Une naissance illégitime aurait pu ré-
volter la famille du marié, réconciliée à peine avec ce vagabond dont elle n'était
pas encore bien sûre de pouvoir se faire honneur. Le père, Jean Poquelin, le
beau-frère, André Boudet, devaient assister au mariage. Il leur fallait offrir une
bru, une belle-sœur, dont ils n'eussent pas trop à rougir. Le père Béjart était
mort, on ne sait quand ni où. La mère vivait et pouvait avoir soixante ans, sa
fille aînée, Madeleine, étant née en 1618. Elle était de nature fort complaisante,
car on la voit, en 1638, marraine de l'enfant illégitime dont accouche, à vingt
ans, la maîtresse du sieur de Modène. Elle consentit donc à se déclarer mère et
à faire feu son mari père de l'enfant né en 1645, ce qui lui donnait à elle une
fécondité de vingt-huit ans, ce qui assurait à sa petite-fille, devenue sa fille, un
état légitime, un bon mari, une honnête famille. Voilà, quoique nous n'aimions
pas à faire des conjectures, comme il nous semble que les choses ont dû se passer. Et cette hypothèse, si l'on veut, qui a l'avantage de ne blesser aucun fait,
nous semble confirmée par celui-ci : que le second enfant de Molière, né en 1665,
eut pour parrain ce même sieur de Modène, qu'on devrait autrement croire bien
loin des nouveaux époux, et pour marraine Madeleine Béjart, sa maîtresse de
1638. Ajoutons, quant à ce prénom de Gresinde que se donnait la mariée, prénom tout-à-fait provençal et qui venait certainement du sieur de Modène, que
Madeleine Béjart l'avait rapporté avec le sien de ses voyages, qu'elle se l'était at-

tribué à elle-même tout récemment dans un acte public, et qu'elle en avait gra-
tifié, sur les fonts baptismaux, la fille d'un bourgeois de Paris, au grand embarras du curé, qui n'avait su comment l'écrire. Le 29 novembre 1661, avait été
baptisée et nommée Jeanne-Madeleine Gresaindre une fille de Marin Prévost et
d'Anne Brillard. Le parrain était Jean-Baptiste Poquelin, valet de chambre du
roi, c'est-à-dire Molière; la marraine Madeleine Gresaindre Béjart, fille majeure.

Nous venons de voir Jean-Baptiste Poquelin, ou Molière, se déclarer, à la fin
de 1661, valet de chambre du roi (on a omis le mot tapissier), et ceci nous met
sur la voie d'une explication dont nous étions depuis long-temps en peine. Il ne
nous semblait pas possible que le fils aîné de Jean Poquelin, survivancier de la
charge de son père, se fût absenté de Paris douze ans de suite, eût mené tout ce
temps la vie aventureuse de comédien de campagne, emportant avec lui, comme
une pièce de son bagage, ce bien de famille qu'on lui avait assuré, ce titre dont
il pouvait être appelé, par la mort de son père, à prendre l'emploi. Il nous paraissait que c'eût été mettre à trop grand hasard une chose qui avait son prix,
et qu'enfin il existait quelque incompatibilité entre l'existence précaire qu'il avait
choisie et cet avenir certain qui l'attendait. Aussi avons-nous été moins surpris
que satisfait en apprenant, non pas, bien entendu, chez les biographes, qu'il
avait été pris dans sa famille, et sans doute avec son consentement, des sûretés
pour cette survivance. Jean-Baptiste avait un frère nommé Jean, né en 1624, le
troisième fils du mariage de ses père et mère. Ce fut sur la tête de celui-ci qu'on
fit reposer l'espérance à laquelle l'aîné semblait renoncer. Nous ne savons pas
précisément à quelle époque cette mutation s'opéra; mais il est certain qu'en
1657, Jean Poquelin le jeune, fils de l'autre Jean, s'intitulait, en même temps
que son père, « tapissier valet de chambre ordinaire du roi. » Ce Jean Poquelin
le jeune demeurait sous les piliers des Halles, et mourut le 6 avril 1660, laissant
sa femme, Marie Maillart, enceinte d'une fille qui fut baptisée, le 4 septembre
suivant, comme née de « défunt Jean Poquelin, vivant tapissier valet de chambre
du roi. » Or, c'était justement le temps où Molière venait de s'établir à Paris,
où il avait l'assurance d'y rester désormais, où il gagnait l'affection du roi. Il
paraît qu'alors il réclama son droit, qu'on lui permit de reprendre, après la mort
de son frère, l'expectative dont il avait été autrefois nanti, que la bonté du roi
rendit cette seconde substitution facile, si bien qu'en 1661 il se retrouva ce qu'il
était en 1637. Et, en effet, l'*État de la France*, publié en 1663, nous montre,
au nombre des huit tapissiers valets de chambre, pour le trimestre de janvier,
« M. Poquelin et son fils à survivance. »

Le mariage de Molière eut lieu, comme nous avons dit, publiquement, en
présence de son père et de son beau-frère, des mère, frère et sœur, ou se
disant tels, de sa femme, le lundi gras 20 février 1662, ce qui fait tomber un
conte absurde de Grimarest. L'alliance n'était pas brillante, elle n'élevait en
rien la condition de Molière; elle mettait seulement une femme de plus dans sa
maison, où il semble qu'il n'y en avait déjà que trop; mais, ce qu'il y a de meilleur pour un homme occupé, elle ne changeait pas ses habitudes. Du printemps
et de l'été qui suivirent, tout ce qu'on sait, c'est que la troupe alla passer « quelques semaines » à Saint-Germain, où le roi faisait son séjour, et Loret, qui nous
apprend (13 août) son retour à Paris, dit que les acteurs et actrices, au nombre
de quinze, reçurent chacun cent pistoles de récompense. Nous lisons bien, dans

un livre estimé, que, cette année 1662, le roi fit un voyage en Lorraine, et que Molière, qui l'y suivit, eut occasion de ramasser sur son chemin la plaisante exclamation dont il fit si bon usage dans le *Tartufe :* « le pauvre homme! » mais il manque seulement à cette historiette que le roi soit allé en Lorraine, que Molière ait eu à l'y suivre, et que l'évêque de Rhodez, nommé alors archevêque de Paris, ait pu être d'un voyage qui ne se fit pas. Dans la vérité, il n'y a pas un fait à placer entre le mariage de Molière et le premier ouvrage qu'il donna ensuite au théâtre. Ce que Voltaire s'est avisé d'y mettre, sur le sujet des comédiens italiens, d'après un passage de Grimarest qui n'avait aucune valeur, ne se rapporte même pas à cette époque. S'il y eut pour Molière un temps heureux dans l'union conjugale, il en jouit sans trouble et sans distraction, aimé du roi, applaudi du public, considéré enfin parmi les gens de lettres, pendant cette année 1662 qui se termina par la mise en scène de *l'École des Femmes.*

Le succès de cette comédie, représentée pour la première fois, le 26 décembre 1662, sur le théâtre du Palais-Royal, fut éclatant, populaire, constaté par le rire et par la foule, confirmé aussi par l'ardeur et le bruit des critiques. Le nouvel auteur venait à la fin de prendre sa place; la cour et la ville l'avaient accepté comme un homme d'un sérieux talent, dont il fallait beaucoup attendre. C'était assez pour armer contre lui toutes les sortes d'ennemis que soulève le mérite heureux, c'est-à-dire l'envie, la médiocrité, l'esprit de contradiction. Tout cela se trouva prêt et armé quand parut *l'École des Femmes,* et l'applaudissement général qu'elle obtint des spectateurs servit de signal au déchaînement des censures. C'est ce que nous apprend très bien Loret en racontant que, dès le 5 ou 6 janvier 1663, la cour vit représenter au Louvre cet ouvrage.

> Qui fit rire leurs majestés
> Jusqu'à s'en tenir les côtés...
> Pièce qu'en plusieurs lieux on fronde,
> Mais où pourtant va tant de monde
> Que jamais sujet important
> Pour le voir n'en attira tant.
> (Lettre du 13 janvier 1663.)

Chacun sait quelles fautes on voulait y trouver contre le goût, la bienséance, le bon langage; chacun sait avec quelle verve l'auteur se défendit de ces attaques, et le procès littéraire n'est plus à juger; ce qu'on ne sait pas assez et ce qui est incontestable, c'est que de ce jour, de cette pièce, datent la mauvaise intelligence de Molière avec les personnes dévotes, la défiance de celles-ci pour les sentimens chrétiens du poète, leur indignation contre ses témérités, et le ressentiment qu'une telle disposition excita chez un homme de nature peu patiente. Déjà ceux dont nous parlons avaient remarqué dans *Sganarelle* cette moquerie adressée en passant à un traité de morale religieuse, fort recommandé par les directeurs de consciences, et dont il venait tout récemment, en 1658, d'être publié une traduction nouvelle :

« Le Guide des pécheurs est encore un bon livre! »

Ils trouvèrent à se scandaliser bien plus dans la scène où Arnolphe veut endoc-

triner sa pupille. Son exhortation leur parut, et non sans cause, parodier inso-
lemment les formes d'un sermon; le vers même qui la termine reproduisait
presque textuellement la bénédiction ordinaire du prédicateur. « Les chaudières
bouillantes » dont il menace Agnès, la « blancheur du lis, » qu'il promet à « son
ame » en récompense d'une bonne conduite, la « noirceur du charbon, » dont
il lui fait peur si elle agit mal, et enfin ces *Maximes du Mariage ou Devoirs
de la Femme mariée avec son exercice journalier*, dont il veut qu'elle lise dix
commandemens, ressemblaient trop en effet au langage le moins éclairé, et par
conséquent le plus usité, du catéchisme ou du confessionnal, pour ne point paraître aux dévots un attentat contre les choses saintes. Ils n'allaient pourtant pas
encore jusqu'à le dire publiquement, car la dispute, sur ce terrain, était péril-
leuse; mais ils s'en prenaient à d'autres licences qui offensaient seulement les
bonnes mœurs. Le prince de Conti, l'ancien protecteur de la troupe de Molière
en Languedoc, devenu fervent janséniste et théologien, écrivait ce qui suit dans
son *Traité de la comédie et des spectacles* : « Il faut avouer de bonne foi que la
comédie moderne est exempte d'idolâtrie et de superstition, mais il faut qu'on
convienne aussi qu'elle n'est pas exempte d'impureté; qu'au contraire cette hon-
nêteté apparente, qui avait été le prétexte des approbations mal fondées qu'on
lui donnait, commence présentement à céder à une immodestie ouverte et sans
ménagement, et qu'il n'y a rien, par exemple, de plus scandaleux que la cinquième scène du second acte de *l'École des Femmes*, qui est une des plus
nouvelles comédies. »

Molière n'en fit pas moins imprimer sa pièce, qui fut publiée le 17 mars 1663,
avec une épître dédicatoire à Madame. La préface qui l'accompagnait parlait
assez légèrement des censures dont elle avait été l'objet et d'une dissertation en
dialogue par laquelle il pourrait bien leur répondre. « Je ne sais, ajoutait-il, ce
qui en sera. » Nous savons, nous, ce qui en fut. *La Critique de l'École des
Femmes* fut jouée sur le théâtre du Palais-Royal le 1er juin 1663. On peut y voir
avec quelle précaution Molière toucha au plus grave reproche qu'on lui avait
adressé. « Le sermon et les maximes, dit Lysidas, ne sont-elles pas des choses
ridicules et qui choquent même le respect que l'on doit à nos mystères? » —
« Pour le discours moral que vous appelez un sermon, répond l'apologiste Do-
rante, il est certain que de vrais dévots qui l'ont ouï n'ont pas trouvé qu'il cho-
quât ce que vous dites, et sans doute que ces paroles d'enfer et de chaudières
bouillantes sont assez justifiées par l'extravagance d'Arnolphe et par l'innocence
de celle à qui il parle. » Il fit mieux encore sur ce point que de raisonner. Il
dédia *la Critique de l'École des Femmes* à la reine-mère, qui représentait alors
dans la cour l'intérêt de la religion, et la pièce fut imprimée, sous la protection
de ce nom alors vénéré, le 7 août 1663. Vers le même temps, 5 juillet, la duchesse
de Richelieu, recevant à Conflans la reine régnante et Madame, ne trouvait pas
de meilleur divertissement à leur donner qu'une représentation de *la Critique*.
C'était le temps enfin où le roi voulait distribuer des pensions aux plus illustres
écrivains de son royaume, et Molière y fut porté pour mille livres avec cette
qualification : « excellent poète comique. » Cela valait bien le titre que lui attri-
buait sa femme, au baptême d'un enfant dont elle était marraine (23 juin 1663),
en se faisant inscrire « femme de Jean-Baptiste Poquelin, écuyer, sieur de Molière. »

Nous avons parlé de censures dirigées contre *l'École des Femmes*; mais il ne faut pas s'y tromper. Rien de tout cela n'avait pris un corps de satire, de pamphlet, de dissertation. Le peu qu'en avait dit Donneau de Visé dans ses *Nouvelles nouvelles* ne touchait en rien aux reproches sérieux dont il est question, et c'était tout ce qu'on avait vu imprimé. Le passage même du *Traité de la Comédie* que nous avons cité n'était certainement pas encore écrit, et ne fut d'ailleurs publié qu'après la mort du prince de Conti, en 1666. Tout s'était borné à un bruit de paroles courant par le monde, et Molière lui-même avait pris soin de les recueillir pour leur donner une forme odieuse ou grotesque. L'initiative de la discussion publique avait donc été prise par la défense, et non par l'attaque. Ce fut seulement après l'impression de *la Critique de l'École des Femmes*, quand l'ouvrage principal avait déjà neuf mois d'existence, qu'on imagina d'entrer publiquement en lutte avec cet auteur qui tenait la lice tout seul. Mal en prit à celui qui s'y dévoua. Il y avait dans *la Critique* un trait mordant à l'adresse des comédiens. Ceux de l'hôtel de Bourgogne voulurent s'y reconnaître, et un jeune homme de vingt-cinq ans, qui déjà leur avait donné quelques pièces assez plaisantes, écrites en vers fort mauvais, se chargea de les venger. La pièce qu'il avait faite n'était pas jouée, elle était seulement affichée pour une représentation prochaine avec le nom de l'auteur, comme cela se faisait alors, que déjà Molière, toujours prompt dans ses colères, toujours et de plus en plus hardi dans ses procédés, l'avait foudroyée, le mot n'est pas trop fort, et cela en pleine cour, devant le roi, avec moins de façons qu'il n'aurait pu en mettre vis-à-vis du public et chez lui.

La cour venait de quitter Vincennes (15 octobre) pour passer une semaine à Versailles. Un des jours de cette semaine, du 16 au 21, non pas le 14, comme dit l'édition posthume, on eut le divertissement de la comédie. Là, sur le théâtre royal, parurent Molière et ses camarades, non pas figurant des personnages, mais agissant et parlant pour leur compte, ainsi que cela se pratique aux répétitions intimes, quand l'huis de la salle est clos, quand les chandelles ne sont pas allumées, quand il n'y a de spectateurs ni aux loges, ni au parterre. Cette révélation de la comédie derrière le rideau, faite en un tel lieu et devant un pareil monde, pouvait sembler déjà passablement hasardée; mais Molière ne s'en tint pas là. Dans cette enceinte, dont ceux qu'il attaquait ne pouvaient approcher, il livra au ridicule tous ceux qu'il croyait pouvoir compter parmi ses ennemis, d'abord les comédiens de la troupe rivale pris un à un et désignés par une imitation moqueuse de leurs gestes ou de leur débit, ensuite les gens du monde, marquis impertinens, précieuses, pédans, prudes, fâcheux et autres, puis enfin, et cette fois par son nom, avec une rudesse qui va jusqu'à la brutalité, l'imprudent auteur de la pièce seulement annoncée, Boursault, lequel était, au dire de tous, un galant homme, et un homme d'esprit, poésie à part. L'ouvrage de celui-ci, *le Portrait du Peintre*, ne fut représenté qu'après *l'Impromptu de Versailles*, et il est vraiment impossible d'y rien trouver qui justifie la violence de ces représailles anticipées. Molière n'en fit pas moins jouer son *Impromptu* sur le théâtre du Palais-Royal le 4 novembre. *Le Portrait du Peintre* parut imprimé quinze jours plus tard. *L'Impromptu de Versailles* ne le fut pas du vivant de Molière.

Dans cette dernière pièce avait figuré « Mlle Molière, » la jeune femme de l'auteur comédien, et un passage de la scène première nous apprend qu'elle avait déjà joué le rôle d'Élise, « satirique spirituelle, » dans *la Critique de l'École des Femmes*. Ainsi Molière, en se mariant, ne se bornait pas à prendre une compagne, il ajoutait à sa troupe une actrice, et il lui avait trouvé aussitôt son caractère, son emploi. Du reste, il ne paraît pas qu'il y eût encore quelque chose à dire sur la conduite de celle-ci, et c'était avec une parfaite sécurité que Molière se faisait menacer par elle, sur le théâtre de la cour, de la punition réservée aux « manières brusques des maris. » Cependant, à ce moment même, sur le sujet de cette femme, quelque chose de plus périlleux pour l'honneur de Molière commençait à se répandre. Pour bien apprécier de quelle manière cette circonstance nous a été transmise, il faut savoir que Jean Racine, âgé de vingt-quatre ans, était depuis quelques mois revenu du Languedoc à Paris, où il faisait des odes et des stances, qu'il avait été inscrit cette année pour 800 livres sur la liste des pensions, et qu'il travaillait, pour le théâtre du Palais-Royal, à la tragédie des *Frères ennemis*. Nous retranchons à dessein de ces particularités, qui concernent Racine, le don que Molière lui aurait fait d'une somme de cent louis, parce que cette libéralité nous paraît hors de toute vraisemblance, et qu'elle est purement de l'invention de Voltaire. Or, Racine écrivait, en novembre 1663, à un de ses amis : « Montfleury a fait une requête contre Molière et l'a présentée au roi. Il accuse Molière d'avoir épousé sa propre fille; mais Montfleury n'est pas écouté à la cour. » Ce Montfleury était un acteur de l'hôtel de Bourgogne dont Molière s'était moqué dans *l'Impromptu;* son fils, l'auteur dramatique, avait essayé de lui donner une revanche en composant une comédie satirique, pour laquelle le premier prince du sang, à ce qu'il paraît, prêta son logis, et qui a pour titre : *l'Impromptu de l'Hôtel de Condé*. Le père, allant plus au but, voulut diffamer son ennemi. Il faut noter que personne au monde n'a vu cette requête, que nul en son temps n'en a parlé, qu'elle demeura sans effet, et qu'aucun de nous n'en aurait soupçonné l'existence, sans le soin charitable que mirent Racine le père à en donner avis dans une lettre, et Racine le fils à nous conserver ce témoignage d'une assez froide amitié. Le jugement du roi ne se fit pas attendre. Le 19 janvier 1664, la femme de Molière mit au monde un fils, et, le 28 février, il fut nommé au baptême « Louis, » par le duc de Créquy, tenant pour le roi, parrain, et par la maréchale du Plessis, pour Madame, marraine.

Dix jours après la naissance de ce fils (qui ne paraît pas avoir vécu long-temps), Molière fournit encore aux plaisirs du roi une pièce improvisée. Il s'agissait d'accommoder une action comique pour huit entrées de ballet, dans l'une desquelles le roi voulait paraître en personne sous le costume d'un Égyptien. Molière reprit le personnage de Sganarelle, le vieillit de dix ans, et disposa autour de cette figure (29 janvier 1664) les risibles incidens du *Mariage forcé*. Ce n'était là qu'un prélude aux brillantes folies que devait éclairer, à Versailles, le soleil de mai. Cette fois, en effet, il ne s'agissait plus d'une après-midi consacrée à quelque invention de divertissement. C'était une série de jours qu'allait enchaîner l'un à l'autre la succession de toutes les fantaisies dont se peuvent charmer les yeux et les oreilles, travestissemens, cavalcades, courses de bagues, concerts de voix et d'instrumens, récits de vers, festins servis par les Jeux, les Ris et les Délices, comédies mêlées de chants et de danses, ballets, machines, feux d'artifice, illuminations, courses de têtes, loteries, collations; une semaine entière (du 7 au 14) passée hors de la vie commune, dans les régions de la féerie; — pour personnages, tout ce que la jeune cour de France avait de plus illustre, de plus élégant, de plus beau; des hommes qui s'appelaient Bourbon-Condé, Guise, Armagnac, Saint-Aignan, Noailles, Foix, Coislin, Lude, Marsillac, Villequier, Soyecourt, Humières, La Vallière; par-dessus tous le roi, ce premier Louis XIV dont le souvenir s'est trop perdu dans un long règne, le Louis XIV amoureux de vingt-cinq ans; — à distance, et comme une sorte de réserve pour venir en aide aux nobles acteurs, la troupe auxiliaire du Palais-Royal, Molière en tête; — pour spectatrices les reines et les dames, parmi lesquelles se cachait la véritable héroïne de la fête, Mlle de La Vallière, relevée depuis cinq mois de ses premières couches. Le dessin de l'action où le roi figurait était du duc de Saint-Aignan; cela s'appelait *le Palais d'Alcine ou les Plaisirs de l'île enchantée;* de lui aussi étaient la plupart des vers que les comédiens récitaient à la louange des reines; de Benserade, les vers flatteurs ou malins à l'adresse des divers personnages. Personne n'avait entrepris sur la part de Molière. Quand, le second jour du drame royal, le paladin Roger, c'est-à-dire le roi, voulut donner la comédie aux dames, un théâtre se dressa aussitôt en plein air, éclairé par mille bougies et flambeaux, et la troupe de Molière (8 mai) y joua *la Princesse d'Élide;* l'auteur de la pièce représentait, dans le prologue, le valet de chiens Lyciscas, dans la comédie, le fou Moron. Quand la trilogie héroïque fut terminée, les plaisirs n'en continuèrent pas moins. Le cinquième jour (11 mai), « sur un de ces théâtres doubles du salon du roi que son génie universel avait lui-même inventés, » Molière donna *les Fâcheux.* Le jour suivant (12 mai) une loterie prodigue avait répandu les bijoux dans les plus belles mains, une course particulière avait eu lieu l'après-midi entre Guidon-le-Sauvage (le duc de Saint-Aignan) et Olivier (le marquis de Soyecourt), où celui-ci venait d'être vaincu; le soir, on s'assembla pour voir, encore sur le théâtre, la troupe de Molière, dans une comédie nouvelle de cet auteur qui n'était pas même terminée. Le roi, les reines, les dames, les courtisans prirent leurs places, les violons jouèrent, la toile se reploya, et l'on vit paraître successivement, dans les trois premiers actes de la pièce que nous connaissons, Mme Pernelle, Orgon et Tartufe.

Si l'on veut bien mettre cet événement à sa date, se faire quelque idée de la société telle qu'elle était alors, se rappeler encore en quel lieu, dans quelle occasion, au milieu de quels amusemens cette apparition vient se produire, on reste frappé d'admiration et de surprise. Tartufe en 1664, la dévotion outrée, crédule, imbécile, mais enfin sincère, traduite en ridicule par un comédien; toutes les paroles, toutes les habitudes des personnes pieuses moqueusement employées sur la scène, et cela devant un monde de belles dames et de grands seigneurs qui, pendant six jours, ont dépensé leur esprit et leur magnificence aux fadaises de la mythologie ou du roman chevaleresque! Tartufe devant le paladin Roger, après les vers du duc de Saint-Aignan, après le ballet des douze signes du zodiaque et la chute enflammée du palais d'Alcine! C'est pourtant ce que constate une espèce de procès-verbal, écrit en style de menus-plaisirs, où sont racontées fort exactement les sept journées des « Fêtes de Versailles en 1664. » Et, sans ce témoignage, en effet, on pourrait faire comme a fait, toujours d'après Grimarest, le dernier biographe de Molière, ne pas soupçonner même un fait aussi énorme. Six cents personnes cependant y assistaient, suivant le compte du procès-verbal; pas une n'a daigné nous dire quelle impression avait causée ce divertissement imprévu parmi ceux qui en furent les témoins. Pour trouver quelque chose du temps sur ce sujet, il faut encore recourir au pauvre Loret, à qui l'on avait fermé la porte de Versailles, qui n'avait pu rien voir et rien entendre. Loret ne nous dira pas, il est vrai, ce qui s'est passé ce jour-là; mais par lui, et par lui seul, nous saurons un peu de ce qui s'en est suivi. Voici ce qu'on lit dans sa lettre du 24 mai :

> (De la cour) un quidam m'écrit,
> Et ce quidam a bon esprit,
> Que le comédien Molière,
> Dont la muse n'est point ânière,
> Avait fait quelque plainte au roi,
> Sans m'expliquer trop bien pourquoi;
> Sinon que, sur son *Hypocrite* (comédie morale),
> Pièce, dit-on, de grand mérite
> Et très fort au gré de la cour,
> Maint censeur daube nuit et jour.
> Afin de repousser l'outrage,
> Il a fait coup sur coup voyage
> Et le bon droit représenté
> De son travail persécuté.
> Mais, de cette plainte susdite
> N'ayant pas su la réussite,
> Je veux encore être, en ce cas,
> Disciple de Pythagoras.

De ce témoignage, demeuré unique jusqu'à nos jours, ce que nous pouvons conjecturer, c'est que les trois premiers actes du *Tartufe* furent très bien reçus à Versailles, que les spectateurs s'en divertirent beaucoup sans songer à mal, que le blâme vint du dehors, de Paris, qu'en peu de temps il grandit au point d'intimider Molière et d'embarrasser le roi. Le roi, qui se sentait complice, hésita, faiblit, et le procès-verbal dont nous avons parlé, imprimé bientôt après chez le libraire de la cour, annonça que, tout en reconnaissant « les bonnes intentions de l'auteur, » le roi avait « défendu pour le public » la comédie de *Tartufe*.

Après le soir (12 mai) où furent représentés les trois premiers actes du *Tartufe*, il y eut encore une journée de réjouissances que Molière termina par *le Mariage forcé*; ce qui a fait dire à Grimarest et à ses copistes qu'il avait composé cette pièce pour la fête de Versailles, quoique la cour l'eût déjà vue deux fois au mois de janvier et le public douze fois depuis le 15 février. Ainsi, sur sept jours, il y en avait eu quatre remplis de sa personne et de ses œuvres, *la Princesse d'Élide, les Fâcheux, Tartufe, le Mariage forcé*, et ce n'est pas exagérer, ce nous semble, que de le mettre de moitié avec le roi dans les succès de cette grande semaine. Mais Molière avait maintenant une femme, et, de ce moment, sa biographie ne peut plus marcher seule; les anecdotes qui concernent Armande Béjart deviennent une charge de la communauté. Or, on raconte ici que le rôle de la princesse d'Élide, joué par la femme de l'auteur, devint funeste au mari; que les charmes qu'elle y montra lui attirèrent force galans, parmi lesquels il y en eut trois, non pas des plus obscurs, qu'elle rendit heureux tour à tour, l'un par intérêt, l'autre par amour, le dernier par dépit. Sans entrer plus avant dans cette intrigue, il faut voir d'abord d'où elle est parvenue aux écrivains de quelque crédit qui l'ont ramassée. Entre les milliers de pamphlets, d'histoires controuvées, de romans stupides, que répandit sur la terre étrangère l'émigration protestante de 1685, s'était trouvé un livret ordurier, fait pour l'amusement de ce qu'il y avait de moins délicat dans les gens de théâtre, et dicté par une haine de mauvais aloi contre la veuve véritablement indigne de Molière. Cet ouvrage, publié en 1688, à Francfort, avait pour titre : *la Fameuse comédienne, ou Histoire de la Guérin.* Quoiqu'il s'en fût fait en peu de temps deux ou trois éditions, on peut tenir pour certain qu'il ne s'était pas élevé encore au-dessus de la classe de lecteurs pour laquelle il était fait, quand il plut à Bayle, qui ne haïssait pas le commérage graveleux, d'en tirer quelques citations pour son *Dictionnaire*, et depuis il est devenu une autorité pour les gens qui aiment à transcrire des pages toutes faites. On est allé même jusqu'à lui chercher un auteur, et nous avons sous les yeux ce passage d'un livre justement considéré : « Lancelot et l'abbé Lebœuf croyaient cet ouvrage de Blot ou du célèbre La Fontaine (note tirée des *Stromates* de Jamet le jeune par l'abbé de Saint-Léger); » ce qui fait quatre noms employés au service d'une sottise, l'ouvrage étant certainement postérieur à 1685, et Blot étant mort dès 1655. Quant à La Fontaine, nous laisserons toute liberté à ceux qui croient retrouver son style dans le verbiage plat et vulgaire de ce libelle, que l'homme le moins habitué au commerce des coulisses reconnaîtra sans peine pour venir de là et devoir y rester. Maintenant il faut dire que l'auteur, quel qu'il fût, comédien ou comédienne, qui pouvait connaître quelque chose du portier de l'hôtel Guénégaud, ne savait pas le premier mot de la cour de France, où il place l'historiette dont nous parlons. C'est à Chambord qu'il fait jouer *la Princesse d'Élide,* et les trois amans qu'il donne à Mlle Molière sont l'abbé de Richelieu, le comte de Guiche et le comte de Lauzun. Prendre ces noms n'était pas chose difficile, car ils avaient assez retenti; mais, outre que l'on ne voit nulle part la moindre trace d'une liaison pareille chez les deux derniers surtout, il se trouve encore par grand hasard que les deux premiers n'étaient alors ni à Versailles, ni à Paris, ni en France, que l'abbé de Richelieu était en Hongrie et le comte de Guiche en Pologne; ce qui nous dispense sans doute de chercher s'il n'y aurait pas aussi un *alibi* pour le troisième.

Certes, s'il ne s'agissait que de l'honneur d'Armande Béjart, nous mettrions peu d'intérêt à relever ces mensonges, et nous abandonnerions volontiers la femme de Guérin au caquet de ses pareilles; mais il s'agit de Molière, et, dans ce livre, publié quinze ans après sa mort, on le fait agir et parler, à tel point que ses biographes ont cru l'entendre et ont dévotement recueilli ces reliques de sa conversation, ces confidences de sa pensée. Ce qu'il y a de pire dans cet emprunt, c'est que, tout à côté des feuillets que l'on copiait avec amour, il y en a d'autres que les biographes ont fait semblant de ne pas voir, parce qu'ils accusaient Molière d'un vice honteux. Ces feuillets, qui ne sont ni plus ni moins vrais que le reste, il fallait oser les regarder, les éprouver, comme nous avons déjà fait, par un peu d'étude historique, et cette confrontation aurait conduit à rejeter le tout avec même dédain. Dans le sale et odieux récit qui concerne Molière et Baron figure un troisième personnage appelé le duc de Bellegarde, et il n'était besoin que de ce nom pour s'apercevoir qu'on lisait une fable. Le seul duc de Bellegarde qu'il y ait eu en France était Roger de Saint-Lary, mort en 1646. Il eut bien un neveu, fils de sa sœur et mari de sa nièce, Jean-Antoine Arnaud de Gondrin, marquis de Montespan, qui se fit nommer par ses amis, et sans conséquence, duc de Bellegarde; mais c'était, au temps où l'on met cette hideuse aventure, un vieillard septuagénaire, retiré du monde, et qui, mort dans un âge très avancé, n'a laissé aucune espèce de souvenir. Les noms des personnages célèbres, de ceux surtout qui ont brillé dans les fastes de la galanterie, semblent toujours être à la disposition des romanciers ignorans, et il n'est pas douteux que l'auteur de *la Fameuse comédienne* n'ait pris celui-ci par quelque mémoire vague du brillant seigneur qui l'avait porté sous Henri IV et sous Louis XIII, sans plus de souci de l'anachronisme que des érudits, hélas! n'en prenaient tout à l'heure, quand ils attribuaient à un homme mort en 1655 un ouvrage de 1688. Ce qu'il fallait dire encore sans crainte aucune, c'est que, même à part cette preuve matérielle de fausseté, le récit qui la contient est démenti par toute la vie de Molière, même par ce qui s'y laisse voir de moins glorieux. Son triple ménage avec la Béjart, la Debrie et sa femme indique assez des habitudes toutes contraires à celles que veut lui prêter ici l'auteur de *la Fameuse comédienne*, qui raconte d'ailleurs ces choses tout uniment et comme s'il s'agissait de mœurs ordinaires. On sait que, grace au ciel, l'infamie n'a jamais manqué à ce genre de dépravation, et Molière, souvent attaqué, n'eut jamais à baisser le front devant un reproche qui l'aurait mêlé avec les Boisrobert et les d'Assoucy.

Retournons maintenant aux suites des fêtes de Versailles dont ce vilain livre, si chéri des biographes, nous a trop écarté. S'il nous a fallu retrancher de l'histoire de la femme quelques amans illustres, nous pouvons ajouter une circonstance fort remarquable à l'histoire du mari. Le *Tartufe* restait défendu « pour le public, » ce qui le rendait, pour les auditeurs privilégiés, un plaisir de haut goût. Le roi avait eu tant de part dans le délit reproché à l'auteur par les dévots de la ville, qu'on ne pouvait véritablement l'en croire fort irrité. Une occasion se présenta bientôt, et la plus singulière assurément qui se pût offrir, de montrer à tous combien peu avait été altérée la faveur du comédien. On sait l'insulte faite à l'ambassadeur de France dans la ville de Rome, l'an 1662. Après bien des pourparlers et des menaces, l'affaire s'était accommodée de la façon la plus honorable pour la France, et le pape envoyait au roi un légat chargé de rendre la satisfaction complète. Ce légat, cardinal et neveu du saint-père, fut extrêmement fêté de la cour, et, parmi les divertissemens qu'on lui offrit à Fontainebleau, la comédie ne fut pas oubliée. Le mercredi 30 juillet, l'auteur du *Tartufe* et sa troupe jouèrent *la Princesse d'Élide* devant l'envoyé de Rome. Il paraît même qu'on lui fit venir l'envie d'entendre une lecture de cette pièce qui venait de scandaliser les gens, et Molière se vanta bien haut d'avoir obtenu son approbation. Cependant l'ouvrage s'achevait. Les trois premiers actes, joués à Versailles, furent représentés une seconde fois le 25 septembre à Villers-Coterets, où le roi était allé visiter son frère, et la pièce entière fut essayée au Raincy, chez le prince de Condé, le 29 novembre. C'était encore là une approbation dont Molière pouvait se faire honneur, comme de celle d'un homme éclairé, d'un excellent juge pour les choses d'esprit; mais c'est une étrange méprise que de faire du prince de Condé, en 1664, un arbitre souverain de ce qui touchait à la religion. Rien n'était plus notoire, au contraire, que son incompétence volontaire à cet égard, et on peut dire que le héros chrétien si magnifiquement loué par Bossuet ne s'était pas encore révé é.

Ainsi, dès 1664, bien avant qu'il fût dans le commerce du public, le *Tartufe* était devenu un événement du monde, et, si on ne consultait que la physionomie générale de cette époque, tout empreinte de plaisir, de gloire et d'amour, on aurait peine à trouver l'occasion, l'à-propos de cette œuvre amère et terrible, qui semble faite à l'avance pour les derniers ans d'un long règne à peine commencé. C'est en y regardant de près, et dans le détail, que l'on parvient à se l'expliquer. Il y avait alors un parti religieux, sévère, grondeur et persécuté, partant tout naturellement disposé à la censure des dérèglemens joyeux de la cour. Le roi, qui donnait en effet l'exemple du désordre, et à qui ce parti était suspect pour ses anciennes liaisons avec les chefs de la fronde, ne pouvait que trouver bon qu'on se moquât aussi de cette cabale austère qui l'importunait, et il ne vit certainement pas autre chose dans le *Tartufe* qu'une plaisante représaille contre la dévotion rigoureuse, chagrine, sans complaisance pour les faiblesses. La cour le prit ainsi et s'en égaya fort; mais la ville s'alarma. La ville était et est restée toujours, tant que dura cet état de société, très favorable au jansénisme. En fait d'opposition, on prend ce qu'on trouve, et la querelle religieuse était devenue, pour bien des gens à qui l'on avait interdit le débat politique, un pis-aller assez sortable. Ceux-là donc, et nous voulons dire les magistrats, les bons bourgeois, les notables de paroisse, étaient fort disposés à blâmer ce que Versailles approuvait. Voici comme on s'y prit pour les désarmer, et les intéresser même au succès du *Tartufe*. Dans l'action de ce drame, il arrive un moment où le professeur de dévotion outrée, l'homme dont Orgon suit avec une entière bonne foi les rudes maximes, vient à employer, pour excuser et justifier sa passion, une doctrine plus commode, plus humaine, une doctrine corrompue et corruptrice. Cette doctrine était précisément celle dont les jansénistes accusaient les jésuites, leurs ennemis déclarés. On leur fit entendre que tout l'objet de la comédie nouvelle était là, et qu'en un mot le *Tartufe* continuait *les Provinciales*. Ainsi, les deux opinions belligérantes furent amenées à croire qu'il y avait du bon pour chacune d'elles dans l'œuvre défendue, et, le mystère s'en mêlant, tout le monde voulut en goûter.

Ce que nous disons ici n'est pas une supposition plus ou moins ingénieuse pour éclaircir un point obscur de l'histoire. Nous aurions eu peut-être quelque mérite à le deviner; mais la vérité est que nous avons eu seulement grand plaisir à l'apprendre. C'est de Racine encore que nous tenons cette lumière. Bien peu de temps après l'époque où nous sommes, Racine, élève de Port-Royal, se crut offensé, dans sa dignité toute nouvelle d'auteur dramatique, par un écrit janséniste qui traitait « d'empoisonneurs publics » les poètes de théâtre. Racine, l'homme le moins doux qu'il y ait eu, oublia tout le respect qu'il devait à ses maîtres, et il écrivit contre eux deux lettres terribles. Dans la seconde, on lit ce passage curieux : « C'était chez une personne qui, en ce temps-là, était fort de vos amies; elle avait eu beaucoup d'envie d'entendre lire le *Tartufe*, et l'on ne s'opposa point à sa curiosité. On vous avait dit que les jésuites étaient joués dans cette comédie : les jésuites, au contraire, se flattaient qu'on en voulait aux jan-

sénistes; mais il n'importe. La compagnie était assemblée; Molière allait com-
mencer, lorsqu'on vit arriver un homme fort échauffé, qui dit tout bas à cette
personne : « Quoi! madame, vous allez entendre une comédie le jour que le
mystère de l'iniquité s'accomplit, ce jour qu'on nous ôte nos mères! » Cette raison parut convaincante; la compagnie fut congédiée. Molière s'en retourna bien
étonné de l'empressement qu'on avait eu pour le faire venir, et de celui qu'on
avait pour le renvoyer. » Le commencement de cette historiette confirme plei-
nement ce que nous avons avancé; la fin nous fait connaître à quelle époque la
chose se passa. Ce fut, en effet, le 26 août 1664, que l'archevêque de Paris fit
sortir de Port-Royal douze religieuses.

Les circonstances qui ont accompagné ou suivi la première apparition du
Tartufe étant ainsi bien connues, nous n'avons plus qu'à suivre la marche de
Molière après cette tentative glorieusement avortée. Son caractère, parfaitement
honnête, était fort irritable. Il avait rencontré un obstacle, et, quoiqu'il n'en fût
véritablement résulté aucun dommage, aucun danger pour lui, quoiqu'il fût
resté en aussi bonne position auprès du roi et que sa réputation dans le public
n'eût fait sans aucun doute qu'y gagner, il en gardait un vif ressentiment. C'est
dans cette disposition d'esprit qu'il écrivit *le Festin de Pierre*. La fable en était
populaire; il y avait plus de six ans déjà qu'une troupe de campagne d'abord,
puis la troupe italienne, ensuite celle de l'hôtel de Bourgogne, en avaient ras-
sasié les spectateurs, et il n'est nullement à croire, comme Voltaire l'a dit, qu'il
y eût pour la troupe de Molière un besoin pressant de la reproduire. Ce qui est
plus certain, c'est qu'elle semblait convenir fort bien à la situation où se trouvait
l'auteur du *Tartufe*. On l'avait traité, ces derniers mois, de libertin, d'impie et
d'athée : ce sont mots dont les dévots de toutes les robes ne sont point avares.
Il allait montrer sur son théâtre un libertin puni, un impie foudroyé, un athée
plongé dans l'abîme. Malheureusement il y a, au fond même de ce sujet, quelque
bonne foi qu'on y apporte, quelque sérieuse intention qu'on ait de le faire servir
à l'édification du prochain, un inconvénient contre lequel nul talent ne saurait
prévaloir. C'est que le libertin amuse, qu'il met le spectateur de son parti, tant
que dure son péché en action, et que le châtiment surnaturel qui arrive à la fin
pour terminer la pièce n'épouvante et ne corrige personne. Et, dans le fait, on
ne voit pas que Molière, qui pouvait assurément beaucoup, se soit donné trop
de peine pour éviter ce mauvais résultat. Son don Juan incrédule, moqueur,
brave, mettant toujours l'honneur à part dans sa mauvaise conduite, toujours
heureux jusqu'à ce qu'un miracle s'opère, n'était pas fait certainement pour
rendre odieux le libertinage, surtout quand l'auteur n'avait songé à lui opposer
qu'un valet poltron, gourmand et cupide, dont il eut encore le tort de se donner
le rôle sous le nom de Sganarelle. Aussi personne n'y fut-il trompé, et *le Festin
de Pierre*, joué le 15 février 1665, aggrava ce qu'il semblait vouloir réparer.
On doit permettre aux partis, même à ceux dont on se tient le plus éloigné,
d'être clairvoyans sur leurs intérêts. Les dévots sentirent bien qu'on leur faisait
un nouvel outrage, et ils s'en plaignirent. Dès la seconde représentation, il fallut
retrancher quelques passages, cette scène du « pauvre » notamment, dont le
dernier mot a de quoi confondre, lorsqu'on l'entend prononcer à deux siècles
en arrière de nous. Une polémique violente s'engagea contre la pièce, qui dis-
parut bientôt de la scène sans être imprimée. L'effet qu'elle avait produit sur

les personnes sincèrement pieuses, sur les plus purs adeptes du jansénisme, se retrouve encore dans l'ouvrage déjà cité du prince de Conti. « Y a-t-il, s'écrie le prince théologien, une école d'athéisme plus ouverte que le *Festin de Pierre*, où, après avoir fait dire toutes les impiétés les plus horribles à un athée qui a beaucoup d'esprit, l'auteur confie la cause de Dieu à un valet à qui il fait dire, pour la soutenir, toutes les impertinences du monde? Et il prétend justifier à la fin sa comédie, si pleine de blasphèmes, à la faveur d'une fusée qu'il fait le ministre ridicule de la vengeance divine! » Tout cela pouvait être mieux dit, mais ne manquait pas de raison, et, s'il était possible de croire que Molière eût conçu le dessein candide d'écrire un drame contre l'impiété, il faudrait reconnaître qu'il n'y avait pas réussi.

Le roi avait défendu à Molière de montrer son *Tartufe* devant le public; il nous semble fort probable que pareille injonction lui avait été faite pour qu'il ne publiât pas son *Festin de Pierre*. Quand l'amitié existe chez celui qui commande, elle l'oblige à indemniser celui qui obéit, et le roi n'y manqua pas. Au mois d'août suivant, il pria son frère de lui céder ses comédiens, leur assura une pension de sept mille livres, et la troupe de Monsieur devint « la troupe du roi, » ce qui n'empêcha pas celle de l'hôtel de Bourgogne de continuer à s'appeler « la troupe royale. » Ce fut dans ce temps aussi que Molière devint père du seul enfant qui lui ait survécu, de cette fille dont le sieur de Modène fut parrain le 4 août 1665. Le 15 septembre suivant, la nouvelle troupe du roi alla représenter à Versailles *l'Amour Médecin*, encore « un impromptu, fait, appris et joué en cinq jours, » encore « une pièce mêlée d'airs, de symphonies, de voix et de danses. » Molière y paraissait de nouveau dans le caractère de Sganarelle, cette fois père de famille, bon bourgeois, malin, entêté et pourtant crédule. On n'a pas remarqué que, dans la première scène, il avait jeté un trait plaisant sur la profession de son père. « Vous êtes orfèvre, monsieur Josse! » mot devenu proverbial, n'était que la moitié de la leçon comique adressée aux donneurs d'avis; l'autre regardait « M. Guillaume, qui vend des tapisseries. » Ce qui donne une véritable importance à cette spirituelle bluette, c'est la nouvelle audace qu'y déploya Molière, encore tout froissé de son premier engagement avec les dévots, contre d'autres ennemis qu'il lui avait plu de se donner. *Le Festin de Pierre* contenait déjà quelques moqueries sur les médecins; mais ces moqueries venaient de don Juan, « impie en médecine » comme en tout le reste. Maintenant, à Versailles, devant la cour, et le roi prêt à rire, Molière vient livrer à la raillerie la plus cruelle, non pas seulement la médecine, non pas seulement les médecins, mais des hommes connus de tous, parfaitement indiqués par l'imitation burlesque de leurs gestes, de leur langage, de leurs noms. Or, voilà ce qu'il faut croire, non pas sur le dire des commentateurs, qui n'y voient pas bien clair, mais sur le témoignage des contemporains. Guy-Patin, médecin aussi, mais médecin frondeur, ne hantait pas les théâtres, il est même fort douteux qu'il ait jamais ni vu ni compris Molière; mais il connaissait apparemment les gens de son métier, et c'est lui qui nous apprend (22 septembre) qu'on « a joué à Versailles une comédie des médecins de la cour, où ils ont été traités de ridicules devant le roi, qui en a bien ri. On y met, ajoute-t-il, en premier chef les cinq premiers médecins, et, par-dessus le marché, le sieur des Fougerais. » Plus tard, quand la pièce fut donnée au public, il écrit encore (25 septembre) : « On joue présentement à l'hôtel de

Bourgogne (au Palais-Royal) *l'Amour Malade* (*l'Amour Médecin*); tout Paris y va en foule pour voir représenter les médecins de la cour, et principalement Esprit et Guenaut, avec des masques faits tout exprès; on y a ajouté des Fougerais. » Guy-Patin se trompe évidemment sur le nombre des médecins joués comme sur le titre de la pièce et le théâtre où on la donne, mais il ne saurait se tromper sur la qualité des gens qu'il désigne. Les « cinq premiers médecins » sont en effet cinq personnes de cette profession ayant chacun le titre de « premier médecin » dans les maisons des personnes royales, et il n'y en avait réellement ni plus ni moins, savoir : pour le roi, Valot; pour la reine-mère, Seguin; pour la reine, Guenaut; pour Monsieur, Esprit, et pour Madame, Yvelin. Des Fougérais (Desfonandrès) n'étant pas de ce nombre et figurant dans la pièce, il s'ensuit qu'un des cinq a été épargné, puisqu'il ne s'y trouve en effet que cinq médecins ridicules. Après cela, que les applications soient distribuées bien ou mal, il n'en reste pas moins certain qu'elles se firent dès-lors, qu'elles portaient sur des hommes parfaitement reconnaissables, qui avaient charge dans la famille royale et réputation dans la ville; que Molière n'eut pas à les désavouer et qu'il ne fut nullement inquiété pour y avoir donné lieu.

On a cherché un motif puéril à cette violente déclaration de guerre contre la médecine et les médecins; nous croyons qu'on serait plus près de la vérité en lui donnant une cause affligeante. Cet homme, qui se moquait si bien des prescriptions et des remèdes, se sentait malade. Avec une dose ordinaire de faiblesse, il aurait demandé à tous les traitemens une guérison peut-être impossible. Ferme et emporté comme il était, il aima mieux nier d'une manière absolue le pouvoir de la science, lui fermer tout accès auprès de lui, et employer ce qui lui restait de santé à remplir sa vie selon son goût et sa passion. Il y avait donc dans son fait, à l'égard de la médecine, quelque chose de pareil à la révolte du pécheur incorrigible contre le ciel, une vraie bravade d'incrédulité; mais il la soutint avec tant de constance et de bonne humeur, il se livra lui-même si gaiement pour enjeu à cette folle gageure, qu'on ne peut se défendre d'une admiration compatissante en voyant une raillerie, qui naît du désespoir, ne s'arrêter que par la mort. Son mal était à la poitrine, et se révélait par une toux fréquente, dont il savait tirer, pour ses rôles, des effets plaisans. « La toux de Molière » est demeurée long-temps, comme la claudication de Béjart, une tradition du théâtre. Elle annonçait son entrée en scène, elle entrecoupait son débit d'une façon toute divertissante. Il se fait dire lui-même par Frosine, dans *l'Avare*, que sa fluxion ne lui sied pas mal, et qu'il a bonne grace à tousser. Dans une pièce hostile, dont nous parlerons plus tard, un des personnages s'écrie en l'entendant :

« Oui, c'est lui; je le viens de connaître à sa toux. »

Outre cette incommodité habituelle, il lui survenait par intervalles des accès de maladie aigüe qui le tenaient au lit et mettaient ses jours en danger. Le premier dont nous ayons pu trouver la trace est de bien peu de temps postérieur à *l'Amour Médecin*. Nous le tenons de Charles Robinet, qui avait pris la succession de Loret, mort en 1665. Il écrit le 21 février 1666 :

> Je vous dirai, pour autre avis,
> Que Molière, le dieu du ris

> Et le seul véritable Mome,
> Dont les dieux n'ont qu'un vain fantôme,
> A si bien fait avec Cloton
> Que la Parque au gosier glouton
> A permis que sur le théâtre
> Tout Paris encor l'idolâtre.

Peu de mois après cette résurrection, le 4 juin 1666, Molière donnait au public *le Misanthrope.* Nous n'avons pas, Dieu merci, à nous occuper de tous les commentaires dont cette pièce a été le sujet. C'est le sort des chefs-d'œuvre de susciter parfois un blâme paradoxal, mais surtout de subir sans cesse le verbiage de l'enthousiasme démonstratif. Ici nous cherchons seulement à rétablir la vérité de l'histoire. On a déjà fort bien, mais fort tard, réfuté l'assertion de Grimarest, qui découvrit, en 1705, que *le Misanthrope* avait été d'abord froidement accueilli du public, lorsque deux contemporains, deux rivaux, Donneau de Visé et Subligny, avaient constaté, dès le lendemain, le succès de l'œuvre nouvelle, succès moins vif sans doute, moins bruyant, moins général, que ne l'eût été dans tous les temps celui d'une farce excellente, mais tel enfin que l'un (Visé) en faisait le texte d'une longue lettre adressée à la cour, que l'autre (Subligny) faisait dire, le 17 juin, à sa « Muse dauphine : »

> Une chose de fort grand cours
> Et de beauté très singulière
> Est une pièce de Molière.
> Toute la cour en dit du bien,
> Après son *Misanthrope*, il ne faut plus voir rien :
> C'est un chef-d'œuvre inimitable.

Il est un autre point sur lequel on s'égare depuis quelque temps avec une singulière liberté. C'est l'application, aux personnages nommés dans l'histoire, de tous les traits que l'on rencontre dans les livres. Cette manie, non pas de trouver, mais de fournir des « clés, » a toujours fait le désespoir des écrivains moraux ou satiriques, même de leur vivant, et quand on savait où rencontrer les gens dont il était question. Jugez ce qu'il en doit être aujourd'hui de ces désignations faites au hasard, sans nulle connaissance du monde où l'on prétend s'introduire, et pour le seul plaisir d'écrire des noms illustres dans un commentaire ! Que l'on ait signalé de la ressemblance entre Alceste et le duc de Montausier, cela est incontestable et contemporain; mais quel homme de cette époque se serait avisé de reconnaître dans Oronte, dans ce faquin de qualité tout au plus, qui prétend que « le roi en use honnêtement avec lui, » le duc de Saint-Aignan, mauvais poète sans doute, comme tout grand seigneur de l'Académie française, homme d'esprit pourtant et du plus exquis savoir-vivre, le Mécène d'alors, respecté de tous, tendrement aimé du roi, comblé de ses plus hautes faveurs, cité partout pour « le modèle d'un parfait courtisan. » Dans ce temps aussi, qui aurait seulement pensé que Célimène pût être la duchesse de Longueville, la sœur de monsieur le prince, vouée depuis treize ans aux pratiques de la religion la plus austère? En songeant que de pareilles sottises ont été dites et sont répétées, on se sent prêt à écouter plus patiemment un dernier commentateur qui veut que Molière ne soit pas allé chercher si loin ni si haut ses modèles, qu'il les ait pris tout simplement dans sa maison, dans sa troupe, dans son entourage, et qu'avec les seules figures de sa femme, de ses camarades et de ses amis, il ait composé ce tableau, où nous avions cru voir la peinture des travers et des vices de la société la plus polie.

Le Misanthrope, quoi qu'on en ait dit, fit son chemin tout seul sur le théâtre pendant deux mois, non pas à la cour, car le deuil de la reine-mère (morte le 20 janvier 1666) avait suspendu toute espèce de fête, mais au Palais-Royal. Ce fut seulement le 6 août que Molière fit représenter *le Médecin malgré lui*. Au mois de novembre, le logis royal se rouvrit pour la comédie, et il est fait mention d'une représentation du *Misanthrope*, donnée le 26 chez Madame. Molière eut bientôt à reprendre ses travaux de commande pour les plaisirs du maître. Il fournit d'abord au *Ballet des Muses*, exécuté à Saint-Germain le 2 décembre, la comédie encore inachevée de *Mélicerte*; puis, pour une seconde représentation du même ballet, 5 janvier 1667, il remplaça ce fragment de pièce en vers par une pièce complète en prose, *le Sicilien ou l'Amour peintre*. Une lacune se trouva ensuite dans cette vie si occupée, et nous ne saurions qu'en croire, si Robinet ne venait à notre aide en nous disant, à la date du 17 avril 1667 :

> Le bruit a couru que Molière
> Se trouvait à l'extrémité
> Et proche d'entrer dans la bière;
> Mais ce n'est pas la vérité.
> Je le connais comme moi-même :
> Son mal n'était qu'un stratagème
> Pour jouer même aussi la Parque au trait fatal.

Ce mal néanmoins était si vrai, qu'il le tint deux mois de plus éloigné de la scène. Il y reparut le 10 juin dans *le Sicilien*, joué pour la première fois ce jour-là sur le théâtre du Palais-Royal : « Et lui, » dit encore Robinet le 11 juin,

> Et lui, tout rajeuni du lait
> De quelque autre infante d'Inache
> Qui se couvre de peau de vache,
> S'y remontre enfin à nos yeux
> Plus que jamais facétieux.

Or, pendant cette maladie, la seconde en moins de quinze mois, qui avait condamné Molière au repos et au laitage, la scène politique s'était agitée. Après six années d'un règne hautain, mais calme et sédentaire, le roi Louis XIV, qui n'avait encore eu de querelles qu'au loin par ses ambassadeurs et ses vaisseaux, venait de faire tout à coup sonner la trompette et marcher des soldats vers la frontière la plus prochaine. Il s'agissait d'aller prendre ou conquérir la part d'héritage qu'on prétendait dévolue à l'infante Marie-Thérèse par la mort de Philippe IV, c'est-à-dire les Pays-Bas. Quoique la succession fût ouverte depuis plus d'un an (17 septembre 1665), c'était à peine si, durant l'hiver de 1667, alors que se dansait à Saint-Germain le *Ballet des Muses*, on avait pu croire disposé pour la guerre ce jeune roi qui se divertissait si bien. Cependant, après le carnaval de cette année, après une dernière fête de Versailles, « qui avait duré les trois jours gras et coûté des millions à tout le monde, » trois armées s'étaient mises en mouvement, dont l'une avait pour chef le maréchal de Turenne. Bientôt le roi lui-même, et à sa suite toute la cour, avait pris le chemin de la Flandre. « Paris est un désert, » écrivait le 20 mai Mme de Sévigné. Dès le 16 en effet, le roi avait quitté Saint-Germain avec sa femme et sa maîtresse; le 3 juin, il entrait à Charleroy; le 25, il avait pris Tournay; le 2 juillet, il était devant Douai, qui se rendit le 6; le 31, il prenait possession d'Oudenarde, et le 5 août, il manquait Dendermonde. Ce jour-là même, à Paris, sur le théâtre du Palais-Royal, Molière donnait au public la comédie que depuis trois ans il lui était défendu de jouer, faiblement déguisée par le titre de *l'Imposteur*.

De ce véritable coup d'état nous n'avons qu'un témoin, et ce témoin n'est pas plus que Robinet. Ce pauvre écrivain adressait à Madame ses lettres imprimées; il venait de finir sa missive hebdomadaire, et l'avait datée du 4 août. Le vendredi 5, pendant qu'on l'imprimait, il alla au Palais-Royal, et, en sortant du spectacle, il écrivit à la hâte une vingtaine de vers détestables, que personne n'a lus parce qu'ils sont en forme de préface, pour annoncer le nouveau triomphe de Molière, triomphe qui, selon lui, devait durer « long-temps. » Le samedi 6, un ordre du premier président défendit de jouer la pièce le lendemain, et le prudent Robinet n'en parla plus.

C'est là tout ce que nous savons des contemporains sur ce sujet, et nous tenons le reste de Molière lui-même. Le roi étant à l'armée, le chancelier avec le conseil à Compiègne, la police de Paris appartenait sans conteste au parlement. Le chef de cette compagnie, qui savait comme tout le monde la défense faite à Molière de jouer publiquement le *Tartufe*, lui demanda compte de cette infraction au commandement qu'il avait reçu. Sur quoi, et c'est Molière qui le dit, « tout ce qu'il put faire pour se sauver lui-même de l'éclat de cette tempête, ce fut de dire que le roi avait eu la bonté de lui en permettre la représentation, et qu'il n'avait pas cru qu'il fût besoin de demander cette permission à d'autres, puisqu'il n'y avait que le roi qui l'eût défendue. » C'était le cas d'en référer au roi, qui pouvait en quelques jours confirmer ou démentir cette allégation, et, en attendant sa réponse, de laisser, comme on dit au palais, « les choses en l'état. » C'est ce qui fut fait, et rien de plus. Le dernier acte notoire étant une défense de jouer la pièce, la représentation en demeura suspendue. Molière n'eut pas, heureusement pour lui, l'occasion de prononcer le mot, déjà vieux de son temps, dont on lui a fait honneur, et qui ne serait certainement pas resté impuni. Il n'y eut pas de seconde représentation affichée, pas de public appelé au théâtre et renvoyé, pas de tumulte, pas de discours. Molière écrivit un placet que deux de ses compagnons allèrent porter au roi devant Lille. Il y rappelait avec chaleur et dignité la permission qu'il disait avoir reçue du roi; il le sommait respectueusement de faire observer sa parole par ceux qui tenaient de lui leur autorité; il semblait même vouloir l'inquiéter pour ses divertissemens à venir : « Il est très assuré, disait-il, qu'il ne faut plus que je songe à faire des comédies, si les tartufes ont l'avantage. » Pendant que ce message faisait sa route, une autre autorité venait de se prononcer contre l'ouvrage. L'ancien précepteur du roi, l'archevêque de Paris, publiait (11 août) un mandement qui défendait « à toutes personnes de voir représenter, lire ou entendre réciter la comédie nouvellement

nommée *l'Imposteur*, soit publiquement, soit en particulier, sous peine d'excommunication. » Cette interdiction allait, comme on voit, beaucoup plus loin
que celle dont le parlement voulait maintenir l'effet. Elle atteignait tous ceux
qui s'étaient mis jusque-là hors du public, le roi compris. Cependant les comédiens députés furent gracieusement reçus au camp devant Lille; ils en rapportè-
rent cette réponse : « qu'après son retour, le roi ferait examiner de nouveau la
pièce et qu'ils la joueraient. » Lille se rendit le 27 août, le roi était de retour à
Saint-Germain le 7 septembre, et l'on n'entendit plus parler du *Tartufe*.

Ici encore le silence absolu des contemporains nous laisse dans une ignorance
complète de ce qui put se passer entre le comédien et le roi. Il est certain que
celui-là avait parlé haut et clair, que celui-ci avait répondu obscurément; il est
certain encore que le roi recula une seconde fois devant les manifestations contraires à sa volonté, puisqu'il ne fit pas jouer alors, ni long-temps après, la pièce
incriminée; mais, malgré l'éclat de cette affaire dans Paris, malgré l'intérêt qu'y
avaient pris deux puissances de l'état, le parlement et l'archevêque, malgré tant
de motifs pour qu'elle fût partout un objet de curiosité ou de dispute, il ne nous
est pas resté un seul mot de cet événement et de ce débat. Les faits seuls, et des
faits négatifs, nous en instruisent quelque peu. Après le retour du roi, trois
mois se passent sans qu'on voie nulle part figurer Molière. Au mois d'octobre,
sa troupe est appelée à jouer devant le roi, et c'est un autre auteur, de Visé,
qui fournit pour cette occasion le divertissement de *Délie*. Au commencement
de novembre, la cour étant à Fontainebleau, c'est encore une pièce comique du
même de Visé, jouée par les mêmes comédiens, qui termine les fêtes. Il ne paraît pas qu'on eût vu Molière davantage sur la scène du Palais-Royal, car Robinet
écrit le samedi 31 décembre :

> Veux-tu, lecteur, être ébaudi ?
> Sois au Palais-Royal mardi.
> Molière, que l'on idolâtre,
> Y remonte sur son théâtre.

Était-ce une nouvelle atteinte de sa maladie qui avait causé cette retraite?
N'était-ce pas plutôt un fier ressentiment de l'abandon où le roi l'avait laissé à
l'occasion du *Tartufe?* Nous n'en savons rien. Ce que nous voyons, c'est que
Molière reparut devant le public le 3 janvier 1668, que le 5 du même mois il
jouait aux Tuileries *le Médecin malgré lui*, que le 13 il donnait sur son théâtre *Amphitryon*, et que le 16 il représentait cette nouvelle pièce à la cour. Si,
comme nous sommes enclin à le penser, il y avait eu du dépit, du chagrin, de
la bouderie dans cette éclipse de trois mois, on peut juger ce qu'avaient de sens
et ce que durent produire d'effet ces vers qui commencent presque la comédie
d'*Amphitryon* et que Molière débitait lui-même dans le rôle de Sosie :

> Sosie, à quelle servitude
> Tes jours sont-ils assujettis?
> Notre sort est beaucoup plus rude
> Chez les grands que chez les petits.
> Ils veulent que pour eux tout soit dans la nature
> Obligé de s'immoler;

> Jour et nuit, grèle, vent, péril, chaleur, froidure,
> Dès qu'ils parlent, il faut voler.
> Vingt ans d'assidu service
> N'en obtiennent rien pour nous.
> Le moindre petit caprice
> Nous attire leur courroux.
> Cependant notre ame, insensée
> S'acharne au vain honneur de demeurer près d'eux,
> Et s'y veut contenter de la fausse pensée
> Qu'ont tous les autres gens que nous sommes heureux.
> Vers la retraite en vain la raison nous appelle,
> En vain notre dépit quelquefois y consent;
> Leur vue a sur notre zèle
> Un ascendant trop puissant,
> Et la moindre faveur d'un coup d'œil caressant
> Nous rengage de plus belle.

Et, dans le fait, Molière était « rengagé. » L'effet ne s'en fit pas voir aussitôt, parce que le roi employa son carnaval à prendre la Franche-Comté; mais, quand l'été revint avec une paix glorieuse qui laissait à la France ses conquêtes de Flandre, on vit Molière se remettre à l'œuvre pour les plaisirs de la cour. Une fête non moins brillante que celle de 1664 se préparait à Versailles, dans les nouveaux jardins créés par Louis XIV. On y avait réservé la place principale à la comédie, et Molière était chargé de la remplir. Un théâtre magnifiquement décoré, les meilleurs danseurs, les plus belles voix, de nombreux instrumens et Lulli furent mis à sa disposition. Tout ce luxe royal (18 juillet) servit comme d'entourage à sa personne et forma le cadre de *George Dandin*. Il avait écrit la pièce et il y jouait le premier rôle; les paroles chantées étaient de lui, les ballets se rapportaient tant bien que mal à l'action où il figurait. Il n'était vraiment pas croyable qu'on eût refusé quelque chose à un homme qui se prodiguait ainsi.

Le 9 septembre de la même année, il donnait *l'Avare* sur le théâtre du Palais-Royal. Au sujet de *l'Avare*, Grimarest a fait quelques contes absurdes, dont les biographes ont eu grand tort de s'embarrasser. Avec un peu plus d'attention, ils auraient vu que cet homme, qui entreprenait une vie de Molière, n'avait pas même sous la main, n'avait pas même songé à emprunter un exemplaire de ses œuvres, qu'il ne connaissait pas seulement l'ordre dans lequel ses comédies avaient été représentées. Nous l'avons vu faire jouer *les Précieuses* pour la première fois en province. Il ne sait pas que *les Fâcheux* ont été représentés à Vaux; c'est à peine s'il a entendu parler, et encore bien tard, quand sa besogne est presque finie, des trois premiers actes du *Tartufe* donnés à Versailles; il y fait paraître comme ouvrage nouveau *le Mariage forcé*; il fait venir *le Festin de Pierre* avant qu'il soit question du *Tartufe*; par compensation, le *Tartufe* précède *le Misanthrope* sur le théâtre public, et la permission d'en continuer les représentations arrive directement du camp devant Lille. C'est sur la foi d'un écrivain si exact qu'on a dit qu'un premier essai de *l'Avare* avait mal réussi, et qu'après un intervalle plus ou moins long, Molière s'était décidé à le reprendre.

Le fait est que jamais *l'Avare* n'avait été vu de personne avant le 9 septembre 1668, et qu'il eut alors un succès fort satisfaisant. Si nous avions à examiner la pièce, nous montrerions aisément pourquoi l'exécution la plus parfaite n'a jamais pu parvenir à en faire un spectacle agréable, quelque admiration du reste qu'elle ait toujours excitée. Ce qu'il nous appartient de dire, c'est qu'elle fut goûtée et suivie; qu'en deux mois, elle fit partie deux fois des divertissemens de la cour, le 16 septembre chez Monsieur, le 5 novembre chez le roi, ce qui prouve à la fois l'empressement et la durée de l'approbation.

En ce même temps, la troupe de Molière fut appelée chez le prince de Condé, à Chantilly, où Monsieur et Madame étaient allés se divertir, et voici comme en parle Robinet :

> (Là) le grand Condé leur fit chère,
> Je vous assure, tout entière,
> Et Molière y montra son nez :
> C'en est, je pense, dire assez.

Au moins n'était-ce pas en dire trop, et il serait difficile, si l'on ne le savait d'ailleurs, de soupçonner ce que cachait cette prudente réticence. La pièce où Molière « avait montré son nez » à Chantilly, ce n'était pas la comédie toute neuve de *l'Avare*. C'était le *Tartufe*, dont le prince de Condé avait voulu régaler ses hôtes, sans doute parce que, hors du diocèse de Paris, on se croyait à l'abri de l'excommunication. Molière se tenait donc toujours prêt à le faire reparaître sur la scène; mais ce qu'il désirait surtout, ce qu'il devait sans cesse demander, c'était de pouvoir l'exposer librement au grand jour de son théâtre, devant la foule, sans mystère et sans choix de spectateurs, chacun y venant pour son argent, depuis « quinze sols » jusqu'au « demi-louis d'or. » Il l'obtint enfin. Le mardi 5 février 1669, la troupe du roi annonça le matin et joua le soir le *Tartufe ou l'Imposteur*.

Personne encore n'ayant pris soin de chercher et de nous dire ce qui avait pu déterminer cette tolérance tardive et subite pour l'œuvre long-temps prohibée, il nous a fallu jeter un regard dans les faits de l'histoire, et nous y avons trouvé une explication fort plausible. Le long débat qui avait divisé l'église de France et mis aux prises une partie du clergé avec l'autorité pontificale venait d'être enfin terminé par un accommodement que l'on voulait croire durable. Le bref préliminaire à cette fin était parti de Rome le 29 septembre 1668; l'arrêt du conseil qui en était la suite avait été rendu le 26 octobre; le docteur Arnauld avait fait sa soumission le 4 décembre, et le bref définitif de réconciliation, daté du 19 janvier 1669, était arrivé vers la fin du mois. Dans les premiers jours de février, tout était joie, espérance, bonne amitié, concorde, oubli des injures, réparation des torts; il ne restait plus qu'à réintégrer les religieuses de Port-Royal, ce qui eut lieu le 17. Molière profita du moment où tout le monde s'embrassait pour mettre aussi son *Tartufe* en liberté, comme tacitement compris dans la paix de Clément IX.

On peut dire qu'il avait atteint en ce moment le but de toute sa vie. Vingt jours après la représentation publique et permise du *Tartufe*, il perdit son père, qui avait fini par être vieux, et il devint titulaire de la charge dont il avait recouvré la survivance. Peut-être avait-il commencé à en faire le service du vivant de son père; ce qui est certain, d'après Lagrange et Vinot, c'est que, depuis qu'il y fut entré, il « l'exerça dans son quartier jusqu'à sa mort. » Cependant le *Tartufe* continuait à se jouer sans interruption et avec beaucoup d'applaudissemens. « Il n'y a plus ici, écrivait Guy-Patin le 29 mars, que les comédiens qui gagnent de l'argent avec le *Tartufe* de Molière; grand monde y va souvent. » La pièce parut imprimée le 22 mars, avec un privilége daté du 15, et se vendit chez le libraire Ribou, au prix énorme d'un écu et au profit de l'auteur. Elle était précédée d'une préface en même temps sévère et moqueuse. Les trois placets relatifs à cette pièce, et qu'on a eu fort raison d'y joindre, ne l'accompagnaient pas encore. Le premier est certainement de 1664, antérieur au *Festin de Pierre;* le second est celui que La Thorillière et Lagrange avaient porté, en 1667, au camp devant Lille; le troisième est du jour où le *Tartufe* eut permission de paraître, et l'enjouement familier qu'on y trouve montre en même temps ce que Molière sentait alors de bonheur, ce que le roi lui accordait toujours de liberté. Le bienfait du 5 février ne tarda pas à être payé en plaisirs. Au mois d'août, dans une seule soirée, Molière jouait à Versailles *l'Avare* et le *Tartufe*. Six semaines plus tard, à Chambord (6 octobre), il donnait, avec tous les ornemens de la musique et de la danse, *Monsieur de Pourceaugnac,* et cette pièce, réduite aux seules ressources de sa franche gaieté, était venue, le 15 novembre, amuser le public du Palais-Royal.

Molière en était là de son triomphe, quand un libelle violent, élaboré dans la forme d'une comédie en cinq actes et en vers, fut publié contre lui, le 4 janvier 1670, avec un privilége daté du 1er décembre 1669. En lisant à plusieurs reprises cette œuvre d'envie et de colère qui s'intitule *Élomire hypocondre,* il nous a été impossible de trouver au juste de quelle rancune elle procédait. Quoiqu'elle eût pour second titre *les Médecins vengés*, la médecine n'y était nulle part assez honorée pour qu'on pût l'attribuer à un homme de cette profession. L'indignation des dévots ne s'y montrait pas davantage. Le nom de l'auteur, imprimé en toutes lettres, « Monsieur le Boulanger de Chalussay, » n'éclaircit nullement la question, car celui qui le portait, et le privilége prouve qu'il a existé, est demeuré parfaitement inconnu. Quoi qu'il en soit, toute la pièce était remplie de la personne d'Élomire ou Molière, aussi laide, aussi odieuse, aussi risible qu'on avait pu la faire. On l'y voyait dans son ménage, maussade, brutal, jaloux sans cause, malade imaginaire; dans sa troupe, tyran insupportable; avec tous, inquiet, soupçonneux, frénétique. Des divers incidens de cette composition bizarre, que nous n'essaierons pas d'analyser, on peut tirer au moins une véritable biographie de Molière, comme ses ennemis l'entendaient. Suivant eux, il était fils, non pas d'un juif, mais d'un fripier, ce qui était quasi même chose. Il était sorti du collége peu de temps avant 1640, et son père, qui était riche, l'avait fait recevoir, pour son argent, licencié en droit à Orléans. Ensuite il avait été reçu avocat et n'avait mis qu'une fois les pieds au palais, aimant mieux aller étudier la bouffonnerie chez les charlatans. Les frères Béjart, l'un bègue, l'autre borgne et boiteux, l'avaient tiré de ce vilain apprentissage pour lui faire jouer la comédie avec eux et avec leur sœur, Madeleine, dont il était devenu amoureux, quoiqu'elle fût rousse et de mauvaise odeur. La troupe avait mal réussi au Port-Saint-Paul d'abord, puis au faubourg Saint-Germain, et s'était décidée à courir les provinces, jouant devant des spectateurs à cinq sols par personne.

Après dix ans et plus de cette vie, il était revenu à Paris, où on lui avait donné la salle du Petit-Bourbon. Là il avait débuté par des rôles tragiques où il avait toujours été sifflé. Enfin il avait tiré, de son sac de campagne, son *Étourdi*, puis son *Dépit amoureux*; il avait ensuite fait *Sganarelle*, et ses grimaces avaient réjoui le public. Depuis, ce n'avait été qu'une suite de succès, et il comptait maintenant dix pièces qui faisaient sa fortune et celle de ses compagnons. La méchanceté de l'écrivain, qui rassemblait sous un tel jour des faits assez exactement recueillis, n'avait pas omis ce qu'on disait de son mariage. Élomire (acte premier, scène III) se vante d'être plus qu'un autre à l'abri des disgraces conjugales par le soin qu'il a pris de se forger une femme « dès avant le berceau. » C'est là aussi que se trouve, répétée avec une affectation cruelle dans plusieurs passages, l'allusion dont nous avons déjà parlé à cette toux funeste dont Molière était tourmenté. Du reste, nous ne voyons nulle part l'effet que put produire, en 1670, soit dans le public, soit sur Molière lui-même, cette odieuse satire, dont la curiosité historique de notre temps s'est plus occupée, ce nous semble, que ne l'avait fait, lorsqu'elle parut, la malignité des contemporains. L'auteur prétend, il est vrai, dans la préface d'une seconde édition de sa pièce, datée de 1672, que son libraire, gagné par Molière, au lieu de vendre la marchandise qui lui était confiée, en avait refusé le profit, et qu'ainsi le public s'en était vu privé, ce qui aurait donné lieu à un procès où le juge ordonna la confiscation des exemplaires trouvés dans la boutique. Si la chose est ainsi, elle fait grand honneur à la librairie et à la justice.

En tout cas, que Molière ait dédaigné ce libelle ou qu'il l'ait étouffé, il est certain que ce ne fut pas même un événement de sa vie, et qu'il n'en reçut aucun trouble. Au mois de février 1670, le roi lui commanda un nouveau divertissement où devaient être rassemblés tous ceux que le « théâtre peut fournir, » et prit la peine de lui en indiquer « le sujet. » Molière composa, sur cette donnée, un pot-pourri de comédie, de pastorale, de pantomime, de machines et de ballets, qu'il appela *les Amans Magnifiques*. Il fit plus, il accepta la charge d'une besogne qui semblait appartenir à Benserade, et sur laquelle nous voyons qu'on se méprend toujours. L'occasion nous convie à l'expliquer. Les ballets de cour se composaient d'entrées, de vers et de récits. Les *entrées* étaient muettes; on voyait s'avancer sur le théâtre des personnages dont le poète avait disposé les caractères, les costumes et les mouvemens, en leur donnant à figurer par la danse une espèce d'action. Le programme ou livre, distribué aux spectateurs, les mettait au fait de ce qu'étaient les danseurs et de ce qu'ils voulaient exprimer. De tout temps, on y avait joint quelques madrigaux à la louange des personnes qui devaient paraître dans les divers rôles, et c'était là ce qu'on appelait les *vers*, qui ne se débitaient pas sur la scène, qui n'entraient pas dans l'action, qu'on lisait, ou des yeux ou à voix basse, dans l'assemblée, sans que les figurans y eussent part, sinon pour en avoir fourni la matière. Les *récits* enfin étaient des tirades débitées ou des couplets chantés par des personnages qui ne dansaient pas, le plus souvent des comédiens, et se rapportaient au sujet de chaque entrée. Benserade, en dessinant les *entrées* et en rimant les *récits*, à peu près comme on faisait avant lui, s'était avisé de donner un tour vraiment nouveau à ses *vers*. Il y mêlait, avec esprit toujours, souvent avec hardiesse, des traits communs à la personne et au personnage, des rapprochemens tantôt flatteurs, tantôt piquans, entre le danseur nommé au programme et le rôle qu'il devait remplir. Ce n'était pas là sans doute une œuvre de grand mérite, mais on doit reconnaître qu'il y excellait, et cela depuis vingt ans, variant avec un singulier bonheur des plaisanteries ou des douceurs dont le texte changeait rarement. Pour juger de ce qu'il savait faire en ce genre, il suffirait de voir combien de fois il réussit à vanter les solides mérites du marquis de Soyecourt, ou à excuser la laideur du marquis de Genlis. Le dernier ouvrage de cette espèce qu'eût alors écrit Benserade était *le Ballet royal de Flore*, dansé par le roi au mois de février 1669, et, dans un rondeau adressé aux dames, il avait annoncé qu'il renonçait à ce métier. Molière eut ordre de l'y remplacer, de sorte que, dans le divertissement royal de 1670, sauf le sujet, qui venait du roi, tout ce qu'on voyait, tout ce qu'on entendait, tout ce qu'on lisait était de sa façon. Il paraît certain que, comme tous ceux qui ont abdiqué, Benserade se montra jaloux de son successeur, et fit, avant la représentation, quelque moquerie de deux méchans vers destinés à être chantés dans la pastorale. Molière s'en vengea en parodiant, dans les vers faits pour le roi, la manière dont son prédécesseur tournait la louange; mais il n'essaya pas de l'imiter dans l'épigramme. Les courtisans, comme à l'ordinaire, rirent beaucoup en voyant contrefaire ce qu'ils avaient coutume d'applaudir, et Benserade se trouva joué sur son propre terrain. C'est là toute la vérité d'un petit fait raconté fort clairement dans la préface des œuvres de Benserade, rendu inintelligible par Grimarest, et embelli par un annotateur moderne de la présence d'un grand seigneur (le duc de Brezé) mort en 1646. — Pour achever ce qui regarde *les Amans Magnifiques*, nous dirons que le roi y dansa deux fois, avec les attributs de Neptune et d'Apollon, encore bien que Racine eût donné depuis deux mois (13 décembre 1669) sa tragédie de *Britannicus.*

Une nouvelle occasion de réjouir le roi se présenta huit mois plus tard, le 14 octobre 1670, à Chambord, et inspira plus heureusement Molière; il y donna *le Bourgeois Gentilhomme.* Suivant un récit qui se trouve partout, et qui vient de Grimarest, la pièce aurait médiocrement diverti la cour, et le roi lui-même, par espièglerie, aurait réservé son jugement jusqu'à la seconde représentation, après laquelle il se serait déclaré fort satisfait. Nous ne voyons nulle part, et il est contre tous les exemples en chose pareille, que *le Bourgeois Gentilhomme* ait été joué deux fois de suite dans le même lieu. La cour en eut bien une seconde représentation, mais à Saint-Germain, le 12 ou 13 novembre, et le 23 il parut sur le théâtre du Palais-Royal. Au carnaval suivant (1671), Molière fut chargé d'inaugurer, par une pièce du genre noble et à grand spectacle, la salle des Machines, que le roi avait fait construire aux Tuileries. Il prit pour sujet la vieille fable de Psyché, qui venait d'être rajeunie par La Fontaine (1659); mais la prose de *Pourceaugnac* et du *Bourgeois Gentilhomme* ne suffisait plus quand il fallait faire parler les dieux. Le temps manquait à Molière pour mesurer et accorder tous les vers dont on avait besoin. Il lui fallait un aide qui fût en état de donner la façon aux morceaux qu'il avait tout taillés; il prit pour cela le sexagénaire Pierre Corneille, cet athlète vétéran, mais non invalide, que la défaite d'*Agésilas* et d'*Attila* (1666-1667) n'avait pas abattu, et auquel il avait, presque la veille (28 novembre 1670), prêté son théâtre et ses acteurs, dans la lutte engagée avec le jeune Racine sur le sujet de Bérénice. La préface de la pièce imprimée, après avoir indiqué ce que Molière avait pu terminer de son ouvrage, ajoute naïvement : « M. Corneille a employé une quinzaine au reste. » Quant aux vers faits pour être chantés, un seul ouvrier, Quinault, y avait mis la main. Ce qu'il faut encore remarquer, c'est que Molière acteur (il jouait Zéphire) avait eu le soin d'écrire tout son rôle, et n'eut à réciter sur le théâtre que ce qui était de lui.

Peu de temps après ce carnaval (du 2 au 10 février 1671), qui finit tristement par la retraite de Mlle de La Vallière à Chaillot, le roi partit (avril) pour aller visiter ses places de Flandre, et Molière n'eut à servir que le public; il lui donna (24 mai) *les Fourberies de Scapin.* Pour défendre Molière du reproche que lui adresse Boileau, on a souvent allégué la nécessité où il était de plaire aux plus humbles spectateurs par des farces, et l'on a oublié que, sauf *les Fourberies de Scapin* et *le Médecin malgré lui,* toutes ses pièces bouffonnes ont été faites pour la cour, tandis que toutes ses comédies sérieuses ont été offertes d'abord au public, ce qui déplace entièrement le blâme et l'excuse. Au mois de décembre suivant, la cour avait un mariage à célébrer; on lui avait amené, des bords du Rhin, cette princesse tout allemande qui ne craignit pas d'épouser l'indigne mari devenu veuf, Dieu sait comment! de l'aimable Henriette d'Angleterre. Le roi voulut que Molière ramassât, dans un divertissement, les plus beaux endroits des ballets déjà représentés, en y ajustant une petite comédie et une pastorale qu'il ferait exprès. La pastorale s'est perdue; les intermèdes sont retournés aux ballets d'où ils avaient été pris, et il nous est resté la comédie qui servait de lien à toutes ces parties, *la Comtesse d'Escarbagnas.*

Mais pendant que nous recueillons soigneusement tout ce qui se rapporte à Jean-Baptiste Poquelin de Molière, dans le temps où ce nom de Molière a toute sa célébrité, lorsque personne assurément ne peut se méprendre sur la personne qu'il désigne, voilà que le hasard fait reparaître à nos yeux l'autre Molière, celui qui chantait et dansait en 1656, quand son homonyme, si glorieux maintenant, courait obscurément la province. Nous recommandons ceci aux savans hasardeux qui ont voulu faire de l'auteur et du musicien un seul homme. Le 7 janvier 1672, une pièce héroïque fut jouée sur le théâtre du Marais, avec des machines, des ballets et des airs. Elle avait pour titre : *le Mariage de Bacchus et d'Ariane.* Les paroles étaient du sieur de Visé, la musique du sieur de Molière, et c'est ce que nous apprend le même de Visé, auteur dramatique et journaliste, en louant sa pièce dans son *Mercure galant.* « Les chansons en ont paru fort agréables, et les airs en sont faits par ce fameux M. de Molière, dont le mérite est si connu et qui a travaillé tant d'années aux airs des ballets du roi. » Ainsi, de 1656 à 1672, le musicien, autrefois recherché à la cour, s'était vu déchoir au point de ne plus trouver d'emploi que sur un théâtre subalterne; Lulli, après Lambert, avait pris sa place. Pour cette fois, nous ne pouvons refuser un peu de biographie à la mémoire de cet homme qui avait eu ses jours de réputation. Son véritable nom était Louis de Mollier. En 1642, il était gentilhomme servant ou écuyer de la comtesse de Soissons, mère du comte tué à la Marfée. A cette époque, il se maria, et, deux ans après, il eut une fille nommée Marie-Blanche. La mort de la comtesse de Soissons (1644) l'ayant obligé à prendre service ailleurs, il usa de ses talens pour se faire connaître à la cour, où il eut le titre de « musicien ordinaire de la chambre du roi. » En 1664, il maria sa fille au sieur Ytier, musicien comme lui et ayant même emploi dans la maison royale. Il mourut à Paris le 18 avril 1688.

Il semble qu'à ce moment où il avait pleine liberté de tout dire, l'autre Molière, celui qui ne faisait pas de musique et qui est demeuré « le fameux, » jeta un regard en arrière pour voir si, parmi les ridicules qui avaient ému sa bile, il ne s'en trouvait pas qu'il eût trop légèrement atteints. Tout au commencement de sa carrière, quand il était bien peu sûr de lui-même et du public, il avait tracé une ébauche des *Précieuses*. Il voulut reprendre ce sujet et le traiter en grand avec tous ses accessoires. Il y replaça ce personnage dont on s'inquiète toujours quand il est question d'un bel esprit en jupons, le mari; il y fit entrer les travers particuliers des gens de lettres, hôtes ordinaires de ces ménages; il fit plus, il y adapta la réhabilitation de l'homme de cour, ce qu'il pouvait faire sans bassesse après avoir tant de fois bafoué les marquis, et, dans cette vue, il composa *les Femmes savantes*, qu'il donna au public le 11 mars 1672. On a fait beaucoup de contes absurdes sur cette pièce; la seule circonstance, malheureusement vraie, qui soit à noter, c'est que le personnage de Trissotin, qui ne s'appela jamais autrement, désignait, sans qu'on pût s'y tromper, un prêtre, un aumônier du roi, un vieillard, un académicien, Charles Cotin, l'auteur du madrigal et du sonnet si plaisamment commentés dans la deuxième scène du troisième acte. Si l'action, comme nous le croyons, était mauvaise, elle n'en prouve que davantage à quel degré, nous ne dirons plus de hardiesse, mais de puissance, Molière était parvenu. Du reste, il est faux que Cotin soit mort de ce coup, comme Voltaire s'est amusé à le dire; mais, Cotin n'étant pas un homme dont on se soit fort soucié de recueillir la vie, personne n'a parlé d'une circonstance curieuse qui se rattache aux *Femmes savantes*. Quand cette comédie fut représentée, le chancelier Séguier venait de mourir (28 janvier), et laissait vacant un titre que le cardinal de Richelieu avait porté avant lui, celui de « protecteur de l'Académie française. » Le roi Louis XIV ne dédaigna pas de le prendre pour lui. L'Académie en avait reçu l'avis et avait décidé qu'elle se rendrait tout entière, conduite par l'archevêque de Paris, chez le roi, pour le remercier de l'honneur que sa majesté voulait bien lui faire. Cette démarche eut lieu peu de jours après le 11 mars; un seul homme y manquait : c'était Charles Cotin, académicien depuis dix-sept ans, et qui n'avait pas voulu que sa présence dans cette compagnie l'obligeât à se plaindre de l'injure toute fraîche qu'il avait subie.

Ce fut là le dernier trait et aussi l'acte suprême du pouvoir exercé par Molière sous l'autorité du roi. Ce railleur terrible, qui arrachait le masque aux hypocrites, qui poursuivait sans pitié les médecins et qui décimait l'Académie, sentait chaque jour sa toux augmenter, son mal empirer, ses forces défaillir. On veut que dans ces derniers temps une réconciliation avec sa femme ait aggravé ses souffrances; et il est certain qu'il lui naquit, le 15 septembre 1672, un fils qui mourut presque aussitôt. Dans cette condition, il ne vit rien de plus plaisant à peindre que la folie d'un homme en bonne santé qui se croirait malade et soumettrait son corps bien portant à toutes les prescriptions de la médecine, c'est-à-dire la contrepartie exacte de son propre fait. C'était d'ailleurs à peu près le rôle que lui avait trop faussement attribué l'auteur d'*Élomire hypocondre*, et il allait montrer, aux dépens des médecins, ce que pouvait devenir dans ses mains la moquerie impuissante de leur vengeur. Il s'enivra, on peut le dire, de cette idée au point d'en faire tout le sujet d'une comédie bouffonne qui devait, le carnaval prochain, « délasser le roi de ses nobles travaux; » car on était au retour de la première et glorieuse campagne en Hollande. Personne ne nous apprend pourquoi *le Malade imaginaire*, avec son prologue et ses intermèdes tout préparés, ne fut pas représenté devant le roi. Peut-être, et ce serait assez notre goût, malgré la prodigieuse verve de gaieté qui règne dans tout l'ouvrage, trouva-t-on peu d'agrément à cette chambre de malade, à ces médicamens, à ces coliques, à cette mort feinte, dont Molière avait cru tirer un si joyeux parti. Ce qui est sûr, c'est que le régal destiné à la cour fut servi au public, le 10 février 1673, le vendredi avant le dimanche gras. Molière, sérieusement malade, y jouait le rôle du malade imaginaire, et les acteurs bien portans vous diront s'il put le faire sans fatigue. Le soir de la quatrième représentation (17 février) et la pièce achevée, il rentra chez lui dans un état alarmant; il y fut pris aussitôt d'un accès violent de sa toux, et mourut vers dix heures du soir, suffoqué par le sang qui s'échappait de sa poitrine déchirée.

On sait trop bien ce qui suivit. Le curé de Saint-Eustache refusa de recevoir et de laisser enterrer, comme on le demandait, dans son église, les restes du comédien frappé de mort au sortir de la scène. Ce scrupule pouvait être sincère, car le cas était probablement inoui. Le temps avait manqué pour que le mourant pût murmurer ces quelques mots de tardif repentir dont on se contentait toujours. C'était au supérieur ecclésiastique de lever l'obstacle, et, pour rassurer sa conscience, on lui affirmait que Molière avait reçu le saint-sacrement l'année précédente, au temps de Pâques. L'archevêque de Paris, non pas celui qui avait excommunié les auditeurs du *Tartufe*, mais son successeur, prélat plus que mondain, ne prit pas moins de trois jours pour en délibérer, et accorda enfin la permission d'inhumer, aussi restreinte, aussi flétrissante qu'elle pouvait être. Pour que chacun ait sa part, il faut dire aussi que, le soir du 21 février, quand le corps, toujours repoussé de l'église, allait sortir de la maison mortuaire, précédé de deux prêtres muets, et s'acheminer sans prières tout droit au cimetière Saint-Joseph, un rassemblement populaire, formé dans la rue, voulut protester contre ce restant d'honneurs rendus à l'homme de génie sorti des rangs du peuple, et ne put être apaisé que par des aumônes. Tout le monde connaît les vers touchans de notre grand satirique au sujet de cette mort, et sur lesquels il nous semble toujours qu'une larme a dû tomber, une larme de Boileau! Un autre contemporain, le comte de Bussy-Rabutin, l'homme du jugement le plus sûr pour tout ce qui n'était pas lui, écrivait, le 24 février 1673, au père Rapin, jésuite : « Voilà Molière mort en un moment; j'en suis fâché. De nos jours, nous ne verrons personne prendre sa place, et peut-être le siècle suivant n'en verra-t-il pas un de sa façon. » Deux siècles bientôt sont passés, et nous attendons encore.

A. BAZIN.

PARIS. — IMPRIMERIE DE GERDÈS,
Rue Saint-Germain-des-Prés, 10.